本书为2014年教育部人文社科研究青年基金项目“外宣翻译的政治性剖析及其翻译策略研究(项目批准号:14YJC740127)”的主要研究成果,同时获2015—2016年江南大学中央高校基本科研业务费专项重点项目“语言符号认知阐释及其教学运用研究(项目批准号:2015JDZD15)”资助,特此致谢。

外宣翻译的政治性剖析及其翻译策略研究

朱义华 著

苏州大学出版社

图书在版编目(CIP)数据

外宣翻译的政治性剖析及其翻译策略研究/朱义华著. —苏州:苏州大学出版社,2017.12
ISBN 978-7-5672-2342-4

Ⅰ.①外… Ⅱ.①朱… Ⅲ.①中国对外政策-宣传工作-语言翻译-研究 Ⅳ.①H059

中国版本图书馆 CIP 数据核字(2017)第 317894 号

书　　名:外宣翻译的政治性剖析及其翻译策略研究

作　　者:朱义华　著
责任编辑:汤定军
策划编辑:汤定军
装帧设计:刘　俊

出版发行:苏州大学出版社(Soochow University Press)
社　　址:苏州市十梓街 1 号　邮编:215006
印　　刷:宜兴市盛世文化印刷有限公司印装
网　　址:www.sudapress.com
E - mail:tangdingjun@suda.edu.cn
邮购热线:0512-67480030
销售热线:0512-65225020

开　　本:700mm×1000mm　1/16　印张:10.25　字数:155 千
版　　次:2017 年 12 月第 1 版
印　　次:2017 年 12 月第 1 次印刷
书　　号:ISBN 978-7-5672-2342-4
定　　价:48.00 元

目 录

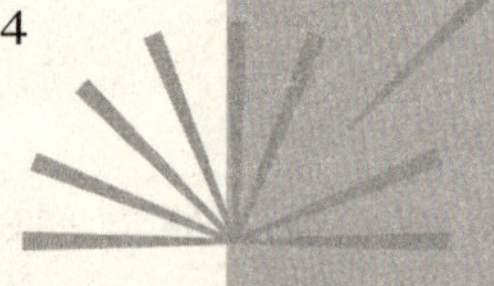

谢　辞

拙作稿毕，诚惶诚恐，思绪万千。“问渠哪得清如许，为有源头活水来。”

若非自持、广助、勉言之常伴，若非文献、技术、象胥之新出，若非国家、时代、译事之东风，安得外宣之渠长流不息，安得翻译之业扶摇直上，安得外宣翻译之举方兴未艾。是故管毛伺候，谢吾恩遇、颂吾时代、致吾初心！

“山重水复疑无路、柳暗花明又一村。”彷徨、纠结时，幸得译界专家指点迷津、引入正途。博业恩师上海外国语大学张健先生，乃外宣翻译之大家，温文尔雅，润物无声，育教之功、帮携之劳，铭刻于心！前外文局黄友义局长先生，鄙人神交已久，洪音聆听之时、大作拜读之际茅塞顿开，备受启发，拙作之中，多有引用，感激不尽。参会之暇，与华东师范大学潘文国先生、浙江大学许钧先生、南开大学王宏印先生、广东外语外贸大学黄忠廉先生、河北师范大学李正栓先生、苏州大学王宏先生、扬州大学周领顺先生等诸前辈大师常有互动，点拨再三，屡蒙赐教，感恩常怀。编辑汤定军先生，乃吾姑苏同窗，情深义重，包吾之惰性、容吾之纰漏，于拙作之面世字斟句酌，殚精竭虑，功莫大焉！江南大学外国语学院诸同事一再鼓励，默默支持，倍感温暖，借此只言，一并致谢！

“华夏大地乾坤朗朗，内荣外联盛世堂堂。”拙著新出，端赖天时、美遇。时政通人和，一带一路纵深推进，中译外出超外译中，文化“走出去”盖过“引进来”，外宣译业阔步向前，语料之丰富、探索之广角、技术之便捷，犹如三驾马车，助吾纵横驰骋，鸟飞鱼跃。

"译研虐我千百遍，我待译事如初恋。"虽偶有倦意，然"业精于勤，荒于嬉"之古训不绝于耳，外宣译界名家传道、授业、解惑之弦歌不辍，每每听之观之，如坐春风，如沐化雨，耳濡目染，收获良多。愚不敢造次，唯有初心不改，肆外宣译业，与时俱进耳。

"金窝，银窝，不如自家狗窝。"家"窝"之温馨、之恬静、之和谐乃幸福之源、奋斗之泉。忘不了四亲相扶照应之奉献、内人红袖添香之情趣、犬子调皮捣蛋之谐乐，乃得拙著之初成。论功，家人与我等分之。

是为谢辞！

湘人朱义华

丁酉年己酉月廿八日于无锡

第一章　外宣翻译研究引论

第一节　外宣翻译研究的背景与动因

进入21世纪以来，中国在政治、经济、军事、外交等诸多领域的国际影响力显著增强，大国政治威望稳步提升，经济总量跃居世界第二，载人航天事业更是一路凯旋高歌，中国“威胁论”的谣言也随之而来。与此同时，伴随中国经济结构的调整与产业结构的升级，中国经济发展速度由原来的年均8%左右调整为6%左右，出现了明显的放缓趋势，唱衰中国经济的“衰败论”论调也接踵而现。这种与事实相背离的国际舆论环境使我们清楚地认识到主动开展对外宣传工作，即“向世界说明中国、让世界了解中国”的必要性与重要性，也使我们窥探出外宣工作与政治舆论、国际影响与国家形象等政治性因素的关联。而伴随2008年北京奥运会、2010年上海世博会、2016年G20杭州峰会等具有全球影响力的体育、文化与政治活动的举办与中国政府“一带一路”“亚投行”建设等具有国际号召力的战略倡议的提出与实施，外国政府与民众对中国的关注兴趣与了解热情也与日俱增，他们迫切希望进一步走近发展中的中国、全方位认识崛起中的中国，并从中吸收借鉴促进经济发展、提升国际影响、增强综合国力、造福本国人民的思路与经验。这种“内驱外需”就使得我国对外宣传工作与外宣翻译研究工作的重要性日益突出。

由于外宣工作的主要受众为国外人士，外宣机构与外宣部门在进行对外宣传与报道时需要利用外语来进行信息采写与对外传播,“但从我国大部分地方和领域来看,直接用外语来写作和表达在很长的时间内都难以实现(衡孝军等,2011:5)”。因此,外宣翻译作为一种特殊的翻译类型与传播中介已成为我国现阶段对外宣传工作的主要实现途径。在当前这种“内驱外需”的外宣背景下,外宣翻译效果的好坏直接关系到中国走向世界、世界走近中国的成功与否。可以说,研究外宣翻译是从一个侧面来研究中国的国际声誉、国际影响与国际地位的,因而具有重大的理论与现实意义。

随着我国政府外宣翻译举措的陆续出台与“走出去”战略步伐的不断提速,我们积累了大量的外宣翻译真实语料,形成了丰富的外宣翻译实践经验,出台了大批完备的国家配套政策,为外宣翻译及其政治性的学术性探索与理论性思辨提供了翔实的研究语料,开创了良好的研究环境,也有利于研究者理论联系实际,从对外宣传的实际需要出发来建构外宣翻译研究的理论体系,解决外宣翻译实际问题,提升外宣效果与国家形象。可以说,国家对外宣翻译的日益重视与外宣翻译工作中累积的丰富的一手语料及其获取的便利性是促成本研究的始源动力。

外宣无小事,外宣翻译同样无小事。“对整个国家而言,外宣翻译的质量直接影响到中国在国际社会的形象;而对一个地区、城市而言,外宣翻译的质量往大处讲可能影响到本地的投资环境,往小处讲可能影响到一个招商项目能否成功。”(吴自选,2005:4)在2007年举办的首届“中译外”高层论坛开幕式上,时任国务院新闻办公室主任的蔡武(2009:108)明确指出了外宣翻译工作的重要性:“翻译工作是决定对外传播效果的最直接因素和最基础条件,从某种角度来说,也是一个国家对外交流水平和人文环境建设的具体体现”。外宣译者借助翻译手段,通过传播话语的有效改写与编译来向世人真实地呈现出一个古老的东方大国,一个繁荣富强、民主文明、和谐进步的现代化国度,“将政府希望塑造的‘我形象’

转化为受国际认可的‘他形象’（胡洁,2010:3）”,从而为中国经济的持续发展、综合国力的不断增强与国际威望的稳步提升营造友善的国际舆论与良好的生态环境。可以说,外宣翻译决定了我们的对外宣传工作在多大程度上发挥实际作用与效果、在多大范围内产生积极影响与印象、在多大可能上树立国际信誉与威望。外宣翻译在对外宣传工作中,乃至在中国文化“走出去”战略与文化软实力建设中所发挥的这种决定作用与政治影响也是本研究选择外宣翻译及其政治性作为研究对象的重要原因。

与我国综合国力大大增强、外交影响力持续攀升相比,我们也注意到我国的外宣翻译研究还相对比较滞后,外宣翻译实践水平也亟待提高,我们在对外宣传与报道中还常常处于被动、尴尬的局面。从外宣翻译的实践层面来看,无论是官方开诚布公的声明还是外宣媒体实事求是的报道,其传播效果往往难以达到我们预期的目标（黄友义,2009:I）:不是我们宣传报道的声音不够洪亮,让人一知半解,就是我们翻译传递的信息不够清晰,让人一头雾水。“我国外宣媒体的‘外宣意识’令人担忧,甚至一些主流外宣媒体在报道时都存在一些不该出现的过失（朱义华,2010:37）”。且看《中国日报》、中国国际广播电台与新华网英语版有关“台湾问题”的外宣英文报道:

例 1　Regarding **the Taiwan issue**, he said that Japan will continue to abide by the principles established in the 1972 Japan-China joint communique that normalized bilateral ties and this stance has not changed. (“China Plus”, *CRI*, May 31, 2017)

例 2　An Fengshan, spokesman for the State Council's Taiwan Affairs Office, said that **the Taiwan issue** is a matter concerning national sovereignty and territorial integrity of China. (Xinhuanet, Dec. 28, 2016)

例 3　The Taiwan issue is an important issue that has bearings on the political foundations of China-Japan ties, Hua said, noting that China's position on **the Taiwan issue** is clear and consistent. (English CCTV. com, Mar. 27, 2017)

例4 For his part, Kerry said the United States attaches great importance to its relations with China. Washington has not changed and will not change its stance on **the Taiwan issue**, and does not support "Taiwan independence" in any forms, he said. (*China Daily*, May 17, 2016)

不难看出,在这些外宣报道中,"台湾问题"都被简单地翻译成了所谓的"the Taiwan issue"。由于"issue"一词常用来指"颇具争议、悬而未决之问题",再加之西方国家在台湾主权问题上长期的负面报道,给不太了解中国历史与现状的外国受众造成了台湾主权尚有争执的错误印象。而事实上,台湾自古以来就是中国领土不可分割的一部分,这是毋庸置疑的事实。对此,我国外交部资深翻译家过家鼎(1985:19)早就指出,"解决台湾问题是中国的内政,不容任何外人干涉。而'issue'这一词的含义是'a matter that is in dispute between two or more parties'。因此,在翻译'台湾问题'的'问题'时不能用'issue'"。类似"the Taiwan issue"之类的政治误导性外宣译文与报道本应得到杜绝,却先后屡屡出现在我国的主流外宣媒体之中,可见深入探讨外宣翻译过程中的实际问题,切实提升我国外宣翻译人员的整体素质与水平不但是个围绕信息转换与信息传达而展开的具体翻译问题,更是一个关系国家主权、民族利益与国际声誉的严肃政治问题,意义重大,影响深远。这是本研究选择外宣翻译及其政治性开展探讨的又一动因。

"兵马未动,粮草先行",外宣翻译就是我国在实现中华民族伟大复兴之"中国梦"进程中的"粮草",尤其是在当前我国加快推进"一带一路"建设步伐,发展与世界其他国家以"和平共处、互惠共赢"为目标的新型国际关系的背景下,更需要通过外宣翻译来向世界各国政治家与各族人民系统说明中国，让世界全面了解中国，从而为共同建设人类命运共同体做出贡献。因而，国家主导的外宣翻译[①]既承担着国家对外介绍与宣传的使命，也肩负着国家落实政治理念与设想的任务，研究外宣翻译也就自然脱离不开与政治性因素的关联。可以说，政治性是国家主导的外宣翻译行为、外宣翻译实践与外宣翻译研究最为明显的本质性特征，本研究试图深入剖析、全面揭开外宣翻译的政治性维度及其运行机制。

通过对外宣翻译工作中政治性因素的探索，总结出我国外宣翻译的政治性维度与构成、政治性特征与规律、政治性生态与机制，并通过借鉴翻译学、传播学、语言学以及跨文化研究的成果来发掘出妥善应对外宣翻译政治性因素的翻译策略与方法，既通过翻译对外传播我国的声音，又以国外人士喜闻乐见的形式让他们听懂并理解来自我国的声音，从而为营造我国经济社会发展的友好环境、扩大中华文化的国际影响力、提升国家的文化软实力、树立我国良好的国家形象与国际威望创造条件。

第二节　外宣翻译研究的现状与启示

外宣翻译实践活动的广泛开展、外宣翻译行业机构的主动谋划、外宣翻译从业人员的积极参与既带动了我国外宣翻译事业的快速发展，也为探索外宣翻译提供了丰富的素材与语料。在中国文化“走出去”的大背景下，外宣翻译研究也与日俱争，特别是随着G20峰会的召开与“一带一路”倡议逐步转化为现实，对外宣传与翻译工作正往纵深方向推进，各路专家、学者纷纷对以翻译为中

---

① 本书中所涉及的外宣翻译概念，除个别地方用指“大外宣”概念外，主要围绕国家层面的外宣翻译与作为国家战略的外宣翻译而展开，涵盖党和国家领导人重要发言、国家主要政府机构与部门（尤其是外交部、宣传部与国新办）外宣材料以及国家主流媒体新闻报道等的对外翻译。这一研究范围较之各行各业用外语进行对外翻译与宣传报道的“大外宣”而言更具国家行为性与政治战略性，对其政治性的剖析也更具典型性与代表性，有助于全面解读外宣翻译的政治生态系统及其运作机制，故而将其作为研究对象。

介的我国外宣翻译工作(主要包括对外传播工作与外语新闻报道工作两大领域)进行着探讨与研究,产出了一批高质量的研究著述,从而使外宣翻译研究工作呈现出蒸蒸日上的发展态势。

一、国内外宣翻译之研究现状

为了较为客观地反映我国外宣翻译研究的整体风貌与研究现状,笔者以"外宣翻译"与"外宣英译"为两个"主题"检索词,以"或含"逻辑关系为检索条件,不设其他限定因素,分别对中国学术期刊网络出版总库与中国博士学位论文全文数据库进行了检索。据不完全统计,截至 2016 年 12 月 31 日,共检索到外宣翻译方向 1162 条文献(见图一:外宣翻译研究文献发表趋势),其中《中国翻译》《上海(科技)翻译》和《中国科技翻译》三大翻译核心期刊文献信息 61 条(见图二:翻译类核心期刊发文统计图);博士学位论文 15 篇(见表一:外宣翻译类博士学位论文汇总表)。

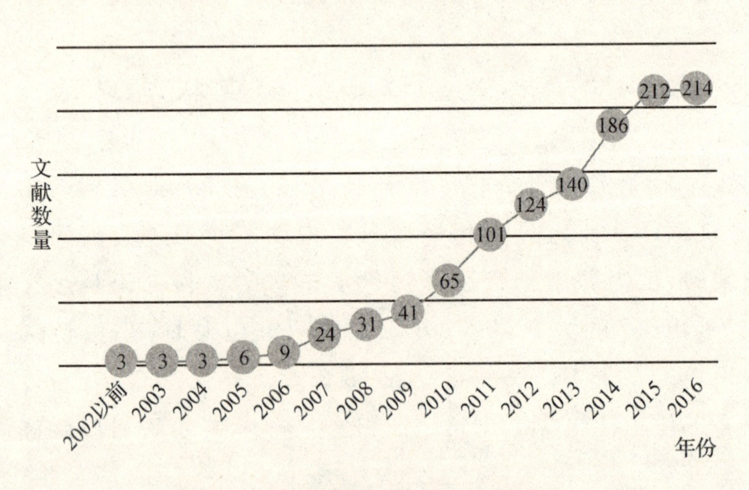

图一 外宣翻译研究文献发表趋势

从图一不难看出,外宣翻译研究文献的发表基本上保持了逐年递增的趋势,尤其是随着 2008 年北京奥运会的举办与 2010 年我国经济总量跃居世界第二,对外宣传与翻译报道的需求大大增加。相应地，外宣翻译研究的文献也同步跟进，发展速度明显加快。

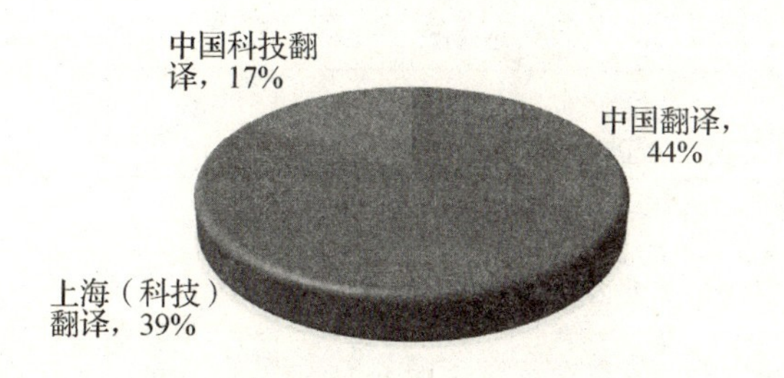

图二　翻译类核心期刊发文统计图

从图二来看，作为中国外文出版发行事业局（简称中国外文局）①主管的国内顶级翻译学术研究期刊，《中国翻译》杂志紧跟时代需要，遵循外文局“通过对外传播信息来全面反映中国悠久的历史文化，真实展现中国改革开放取得的新进展、新成就，为增进中外理解和友谊发挥积极作用”的目标追求，在三本翻译类核心期刊中刊发了最大数量，即44%的外宣翻译研究类论文，为提升中国文化软实力、增强我国话语权做出了积极的贡献。而《上海翻译》（原名《上海科技翻译》）与《中国科技翻译》均是我国科技领域对外宣传与对内引进的主要阵地，尤其是前者在应用翻译实践与研究上成绩斐然，因而对作为“应用翻译”研究大家庭一员的外宣翻译研究文献的刊载也是颇为青睐，外宣翻译研究方面的发文量紧随《中国翻译》其后，发文量约占三大翻译核心刊物论文总数的40%。

① 更多信息详见中国外文出版发行事业局官网：http://www.cipg.org.cn/。

表一　外宣翻译类博士学位论文汇总表

年份	篇数	作者	论文题目	学位授予单位
2009	1	刘雅峰	译者的适应与选择:外宣翻译过程研究	上海外国语大学
2010	4	冯　军	论外宣翻译中语义与风格的趋同及筛选机制	上海外国语大学
		胡　洁	建构视角下的外宣翻译研究	上海外国语大学
		仇贤根	外宣翻译研究	上海外国语大学
		杨雪莲	传播学视角下的外宣翻译	上海外国语大学
2011	1	陈小慰	翻译研究的"新修辞"视角	福建师范大学
2012	2	曹志建	功能主义视角下软性法律外宣文本的翻译:问题与对策	上海外国语大学
		王守宏	跨文化语用学视角下的外宣翻译策略研究	上海外国语大学
2013	3	李家春	城市外宣翻译跨文化文本重构研究	上海外国语大学
		卢小军	国家形象与外宣翻译策略研究	上海外国语大学
		朱义华	外宣翻译研究体系建构探索——基于哲学视野的反思	上海外国语大学
2014	4	胡兴文	叙事学视域下的外宣翻译研究	上海外国语大学
		乐　萍	目的论视角下贵州地区少数民族文化的外宣翻译研究	上海外国语大学
		袁西玲	延安时期的翻译活动及其影响研究	上海外国语大学
		袁卓喜	修辞劝说视角下的外宣翻译研究	上海外国语大学

从上表来看,从2009年第一篇外宣翻译研究的博士论文诞生以来,利用诸如生态翻译学、传播学、修辞学、功能主义等研究视角对外宣翻译文本、外宣翻译策略、外宣翻译实践与理论等进行探索的学者阵容不断壮大,研究广度得以拓展,研究深度得以推进,但也存在明显的不足之处。比如,博士层面的外宣翻译研究主要集中在上海外国语大学一所高校,且2015—2016年期间出现了研究断档,因此需要我们进一步发掘外宣翻译研究课题的深度与广度,从翻译学与传播学这两个与外宣翻译研究密切相关的学科汲取营

养,同时借鉴其他学科的探索之路来做到外宣翻译理论研究与外宣翻译实践举措的齐头并举。

通过对 CNKI 的检索分析,我们还发现引用频次逾 100 次的 6 篇高引论文(见表二:外宣翻译研究高引论文统计表;图三:外宣翻译研究高引论文引用频次统计图),即黄友义(2004;2005)、袁晓宁(2005)、张基珮(2001)、陈小慰(2007)、李欣(2001),主要以对外宣翻译的原则与策略探讨为主,这也完全符合外宣翻译作为一个应用型研究领域的本质。在这 6 篇文章中,其中黄友义于 2004 年发表的论文《坚持"外宣三贴近"原则,处理好外宣翻译中的难点问题》的引用频率更是高达 874 次(截至 2016 年 12 月 31 日)之多,可见该文在外宣翻译研究领域有着举足轻重的影响,已成为任何意欲从事外宣翻译研究的后来者的必读经典篇目。

表二 外宣翻译研究高引论文统计表

作者姓名	论文名称	发表刊物	发表期次	被引频次
黄友义(1)	坚持"外宣三贴近"原则,处理好外宣翻译中的难点问题	中国翻译	2004(6)	874
袁晓宁	外宣英译的策略及其理据	中国翻译	2005(1)	340
张基珮	外宣英译的原文要适当删减	中国科技翻译	2001(3)	297
黄友义(2)	从翻译工作者的权利到外宣翻译——在首届全国公示语翻译研讨会上的讲话	中国翻译	2005(6)	278
陈小慰	外宣翻译中"认同"的建立	中国翻译	2007(1)	188
李　欣	外宣翻译中的"译前处理"——天津电视台国际部《中国·天津》的个案分析	中国科技翻译	2001(1)	123

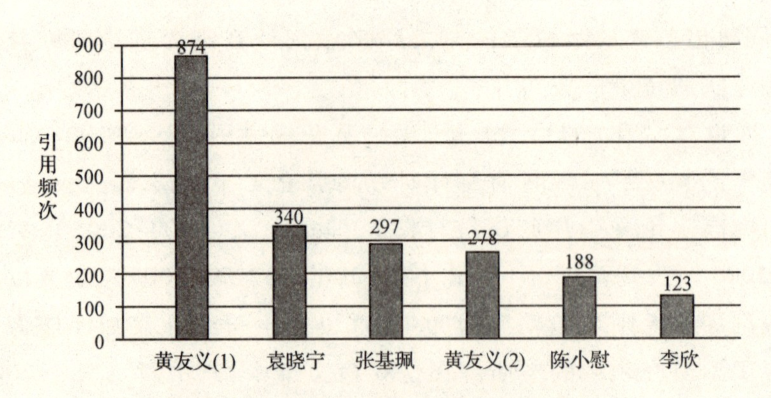

图三　外宣翻译研究高引论文引用频次统计图

以上这些统计数据与六年前“期刊论文 78 篇，三大翻译期刊论文 14 篇，硕士学位论文 32 篇，博士学位仅论文 1 篇（杨雪莲，2010：2）”的初步统计结果相比，外宣翻译研究在近年可谓取得了长足的进展。值得注意的是，伴随近年外宣翻译研究数量总体上升的趋势，高层次研究的数量也逐步增多，北大核心期刊发表文献数量达 175 条（见图四：外宣翻译研究核心期刊文献发表趋势），并分别在 2007 年、2011 年、2016 年出现了跳跃式变化，这可能与这些节点前后我国重要的政治、经济、文化活动的举办或重大战略规划的出台密切相关，而在这些节点之后四五年期间，外宣翻译研究往往大体保持一个相对平稳的发展态势。也就是说，外宣翻译及其研究都与宏观政治背景与生态环境密切相关，研究外宣翻译就不能不研究外宣翻译与诸多政治性因素的关联，就不得不研究外宣翻译的整个政治生态体系。

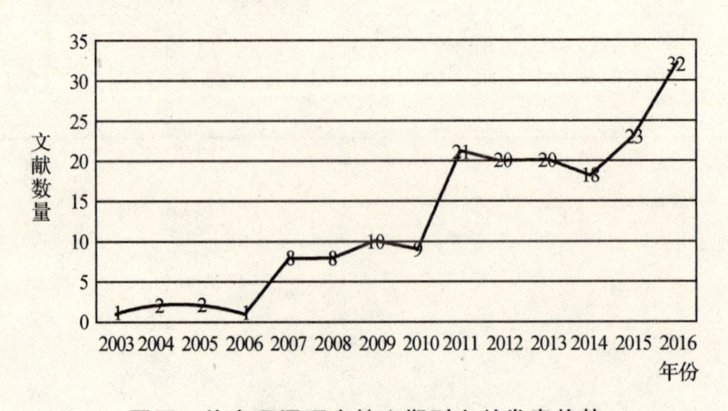

图四　外宣翻译研究核心期刊文献发表趋势

对外宣翻译核心期刊刊登文献的进一步分析可以发现,外宣翻译的研究话题与对象涵盖了理论切入视角、外宣翻译策略与技巧、外宣翻译本体研究、区域与行业外宣翻译、外宣译者以及“外宣翻译”术语本身的英译研究等诸多研究维度,其中对外宣翻译的理论探索与对外宣翻译的原则、策略与译技的探索占据绝大部分。这说明如何有效地运用科学理论指导外宣翻译实践,如何灵活运用翻译策略与技巧来实现外宣效果、提升国家形象已成为外宣翻译研究的重点所在。而且,研究的理论切入点也并非局限于与外宣翻译密切相关的传播学视野或对之适用性很强的功能主义翻译观,全球化、跨文化、生态翻译观、语篇分析、关联理论、心理认同、政治意识形态与建构主义的探索进路也呈现出明显上升的趋势,这表明外宣翻译研究正呈现出“百花齐放,百家争鸣”的开放态势。此外,还有学者在国外发文对全球化语境下我国对外翻译的功用(Liu Lihua, 2012: 65 - 69)与我国外事外交翻译的原则与策略(Yang Mingxing, 2012: 1 - 18)进行了探讨。所有这些都表明“多维度、多学科、多元化”的外宣翻译研究探索体系正在形成,这些理论视角的运用也必将进一步拓展外宣翻译研究的思路与理论视阈,推动外宣翻译实践的质量与传播效果,为外宣策略的灵活运用、宣传形象的正面建构乃至外宣翻译研究学科身份的确立奠定了学理基础。

与此同时,进入21世纪以来专门探讨外宣翻译研究的学术著作也陆续问世(见表三:外宣翻译研究专著统计表),尤其是2016至2017年上半年期间多部相关专著一齐面世,堪称外宣翻译研究之丰收期。这些著作中,既有导论性的,也有具体研究某领域外宣翻译实践的,还有从跨文化公共关系、生态翻译学、传播学等多维视角来探讨外宣翻译的。张健(2013)全面介绍外宣翻译的主要特点、基本原理与翻译策略,是外宣翻译研究的奠基之作,也是了解与从事外宣翻译研究的必读之作。衡孝军等(2011)就对北京市外宣材料翻译的现状进行了全面的调查与研究,并运用语言、文化、翻译三个方面的理论提出了修订建议，而曹志建(2016)则梳理了我国司法外宣翻译中存在的语用翻译问题、文化翻译问题和语言翻译问题，提出我国司法外宣翻译应采取灵活务实的工具型翻译策略来主要实现司法译文的信息功能对等，同时兼顾委婉的诉求功能。吕和发、董庆文、任林静(2016)则以中英两国国际关系与跨文化公关理论与实践为依托，试图建构一个符合全球化条件下中国外宣与外宣翻译研究的一体化框架，涵盖外宣翻译的得失、外宣翻译的特点以及外宣翻译实践的宏观、中观、微观语境要素构成与运转机制。刘雅峰(2010)基于生态翻译学，探讨了译者在翻译政治色彩浓厚、中国特色明显的语汇时是如何适应外宣翻译生态环境并做出“适应性选择”的。卢彩虹(2016)则运用传播学理论对外宣翻译进行研究，通过术语厘定、范围界定、历史回顾、误译分析，并结合现阶段的外宣工作的特点和战略任务，归纳和总结了我国外宣翻译研究面临的机遇和挑战。卢小军(2016)探讨了国家形象与外宣翻译策略之间的关系，并从维护和提升国家形象的视角出发提出了若干外宣翻译策略。袁卓喜(2017)借鉴西方传统修辞劝说理论，研究当前外宣翻译理论与新实践，对外宣翻译行为、目的、原则、策略等进行了较为系统的解读，为增强我国外宣翻译的对外传播效果提供了新的思考视角。许宏(2017)以叙事建构为理论依据，结合翻译学、传播学、修辞学的有关成果，深入系统地分析译者应当如何重新建构外宣文本，即外宣文本该“怎么说”来确保外宣文本得到更好的接受，以保证赢得目标受众的心理认同。所有这些研究，虽然聚焦点所有不同，但整体上都是从传播学的大学科视角来探讨外宣翻译的理论与实践、特征与机制、策略与方法，具有重要借鉴与启示意义。

表三　外宣翻译研究专著统计表

年份	作者	著作名称	出版社
2017	许宏	外宣翻译与国际形象构建	时事出版社
2017	袁卓喜	修辞劝说视角下的外宣翻译研究	中国传媒大学出版社
2016	曹志建	功能主义视角下的法律外宣文本翻译	暨南大学出版社
2016	卢彩虹	传播视角下的外宣翻译研究	浙江工商大学出版社
2016	卢小军	国家形象与外宣翻译策略研究	外语教学与研究出版社
2016	吕和发、董庆文、任林静	跨文化公关视域下的外宣与外宣翻译研究	国防工业出版社
2013	张健	外宣翻译导论	国防工业出版社
2011	衡孝军等	对外宣传翻译理论与实践：北京市外宣用语现状调查与规范	世界知识出版社
2010	刘雅峰	译者的适应与选择：外宣翻译过程研究	人民出版社

除此以外，涵盖新闻翻译、传媒翻译、新词翻译、对外传播翻译、新闻编译、文化外宣、对外报道、对外传播等在内的广义类外宣翻译著作近年来也得以大量出版。这与2009年以前“有关‘对外宣传’的书籍专著屈指可数……对外宣翻译理论进行系统研究的专著几乎为零”（刘雅峰，2009：5）的“落魄”状况形成了鲜明的对比。如此种种，无不表明外宣翻译研究作为一个具有交叉学科属性的专业研究领域正呈现出方兴未艾之态势。

二、国外外宣翻译之研究现状

“外宣工作中的翻译有一个突出的特点，即基本上都是中译外，也就是把大量有关中国的各种信息由中文翻译成外文，通过图书、期刊、报纸、广播、电视、互联网等媒体以及国际会议，对外发表和传播。”（黄友义，2004：27）这种翻译的单向性导致国外专门探讨中国外宣工作与外宣翻译研究的学术性著作颇为难寻，已有著述更多的是站在全球化、国际新闻传播、跨文化与跨语言研究的广角来探讨新闻报道、政治语篇与跨文化交际的问题，但其中不乏对我国外宣翻译与对外传播工作具有重要指导作用与借鉴功能的著述。譬如，Esperança Bielsa 和 Susan Bassnett（2009）整合了全球化研究、媒体研究、社会学与翻译学研究视野，以丰富的一手新闻翻译资料为基础，颇为系统地探讨了全球化与本地化并存的时代背景下新闻翻译的目的、特点、策略与通讯机构新闻雇员该如何准确地将信息进行采写编译、报道宣传的问题，被誉为是“一部探讨跨地域、跨语言、跨文化信息翻译的力作”（张健，2011：iii），对外宣翻译研究中目的论与方法论的探讨具有重要的启示意义；Leonarda Jiménez 和 Susana Guillem（2009）从本体论与认识论两个维度对传播学的多学科身份与学术地位进行了探讨，进而提出传播学的理论研究范式应该包含话语、认知、交际、文化等多个维度，这对探讨外宣翻译研究的本体论与认识论提供了很好的借鉴；Stella Sorby（2008）专门就英汉新闻翻译中的褒贬色彩进行研究，指出汉译后的英语新闻可能会因汉语倾向于流露感情色彩而丧失原文部分信息功能的传递，从而招来受众的误读、误解；而 Robert Holland（2006）则从国际新闻的传播流程着手探讨了国际新闻翻译与传播过程中的新闻制作人对新闻的操控以及受众接受与宣传效果等问题，他们的研究对外宣翻译的效果与价值判断颇具参考价值。

由于外宣翻译过程主要涉及两种语言的转换与文化的调适，所以跨文化语用失误方面的研究对提高外宣翻译水平与对外宣传效果将发挥重要的作用。南京大学美国籍专家 Linell Davis（2001）出版的 *Doing Culture—Cross-Cultural Communication in Action*（《中西文化之鉴》）一书虽说不是专门针对外宣翻译的研究，但她对中美文化领域的对比研究（如在思想观念、认知思维、文化习俗、人际交往等方面差异的案例说明与深入剖析）毫无疑问将有助于外宣翻译工作者找到解决外宣翻译难题的深层根源，从而加强外宣跨文化意识与外宣效果意识的培养。同样，美国职业翻译家 Joan Pinkham（2000）出版的 *The Translator's Guide to Chinglish*（《中式英语之鉴》）则从母语读者的视角，按英文写作的规则，详细归纳了汉译英中最常见但却被多数译者忽视的英文表达问题，并提出了“医治”的方案，可谓外宣翻译从业员的福音。她们的研究成果为我们在对外宣传与翻译工作中少走弯路、提高针对性与传播效果提供了很好的参考与借鉴。

此外，境外友人对我国对外宣传工作的关注与评论对我们加强外宣翻译研究、提升外宣翻译水平也不无裨益。在这些关注与评论中，既有像英中了解协会主席费里克斯·格林（Felix Green）所给出的善意提醒：“每一位从事对外宣传的作者、翻译、编辑都应在他们的写字台上放一个标语牌，上面写着：‘外国人不是中国人’”（转引自：唐润华，2005：53），或直接批评：“中国对外报道八股严重，宣传方式过于夸张，不了解外国受众，总体来说是失败的”（转引自：何国平，2009：序 2），也有外国朋友见到导游指南上“stir-fried chicken without sexual life”（爆炒童子鸡）的捧腹大笑，入住宾馆时见到“careful slippery”（小心滑倒）的尴尬表情，更有热心者或来信或刊文来表示关切。早在 1998 年曾有一对在中国工作过的外国教师夫妇给《中国日报》来信，说某些旅游手册上充斥着拼写与语法错误，更不要用说用词不当了，而且还在大量印刷与流传，是一种“可怕的浪费”（转引自：丁衡祁，2004）！我国在申办 2000 年奥运会时，国际奥委会考察团团长埃里克森（Gunnar Ericsson）在北京考察后曾这样评价北京的外宣工作，“北京需要做出更大的努力以确保语言不通将不会成为 2000 年奥运会的一个问题……中国政府早已在全国范围内发起一场与申奥有关的提高外语水平的运动，但收效不大，即使为欢迎国际奥委会考察团而设置的标语牌上的标语中也有语法错误。”（转引自：沈苏儒，2009：356）。还有一位加拿大籍华人卜平（2001）在香港《文汇报》上刊登了《北京英文路标令人捧腹大笑》一文，罗列了北京路标翻译的错误与不规范之处。如此种种，无不说明我国的外宣翻译工作还大有继续改进与提升的空间，这也为我们研究外宣翻译、探讨外宣翻译的效果、开展外宣翻译批评提供了丰富真实的语料与一手信息。

三、现有外宣翻译研究之启示

作为我国现阶段对外宣传的主要载体与手段，外宣翻译对我国综合国力与国家形象的提升发挥了不可替代的作用，但目前对外宣翻译的研究似乎还难与之相称，存在着明显的缺陷与不足之处。从前面的统计数据与分析不难发现，现有国内研究中对解决外宣翻译实际问题以外的，形而上的理论性探究还相对较少。同时，对作为一个独立研究领域或者说分支学科的外宣翻译研究在整个翻译学研究体系中的身份与地位也尚待明确。而国外的研究则因外宣翻译“中译外”的特殊性导致研究数量偏少、针对性偏差，而且往往突出外宣翻译中的文化、语言与地缘因素，将外宣翻译更多地当成是附属于传播学、公共外交、全球化研究甚至政治学与国际关系研究的一部分内容。虽然国外的研究视野中包含有对外宣翻译及其政治性因素的间接触及与思考，但鲜有专门性、针对性的外宣翻译及其政治性研究成果。因而，缺乏系统性与针对性是目前外宣翻译及其政治性研究面临的最大尴尬。

从现状来看，国内外的外宣翻译相关研究都倾向于从某一理论视角单独来探讨外宣翻译实践工作与理论建设中的具体问题，既有“百花齐放”之势，更有“各为其主”之嫌，从而导致外宣翻译研究缺乏统一、完整的理论术语体系。然而，“术语的确立与否，直接影响着外宣翻译研究的目标明确性、内容具体性和方法合理性。没有固定的术语，外宣翻译研究就比较分散，甚至常隐形于译例被用来探讨应用翻译、科学翻译，或是实用英语翻译”（徐建国，2009:93）。因此，如何在以后的理论体系建设中很好地兼容、整合现有术语体系与研究成果，形成外宣翻译及其政治性研究的完整体系是一个亟待解决的问题。

正因为如此，本研究尝试从外宣翻译政治生态系统性与术语专业化的思路出发来探索外宣翻译的政治性特征、构成及其运作机制与应对策略，努力做到理论与实践结合，为提高我国对外宣传工作的成效，为树立我国良好的国际形象，为我国经济社会发展营造友好的国际舆论做出积极的理论探索与现实贡献。

第三节　外宣翻译研究的意义与价值

“对外宣传无小事，翻译工作莫藐视；为了国家树形象，促进交流做好事。”丁衡祁先生（2004）的这句总结既概括了外宣工作的重要性与意义，也道出了外宣翻译在整个对外传播与宣传工作中的关键性地位与作用。因此，我们的外宣工作者与研究者有必要重新审视过去外宣工作的思路方法，深刻反思外宣报道的实践流程，认真总结外宣翻译的经验教训，科学认识并准确描述外宣翻译的研究现状，深入剖析外宣翻译的政治运作与机制，为改进外宣翻译质量、提升外宣工作成效奠定基础。

从政治普遍适用性到外宣翻译中的政治针对性，这一个探索过程需要我们深入发掘隐含在外宣翻译背后的“隐形之手”，诸如意识形态、权利关系、话语权等政治因素的作用与动态运转，以求更好地带动外宣翻译实践与研究工作的开展，从而提高对外宣传工作的实际成效，为我国抓住机遇来促进经济、社会的发展营造正面积极的国际舆论与和谐稳定的政治环境。换言之，对外宣翻译政治性的剖析首先是基于国家对外宣传实际工作的需要，因而具有国家战略的重要意义。无论是从舆论宣传力量的中西对比，还是我国外宣工作的外因内果，抑或社会各界对外宣翻译的关注广度与重视程度等具体层面来看，重新审视外宣翻译现状、系统开展外宣翻译研究、深入探索外宣翻译的政治性也是目前国际形势下建构我国在国际政治舞台中的话语权、文化软实力与负责任的大国形象所亟须的,刻不容缓。

21世纪以来,我国的对外宣传与翻译工作可谓"百尺竿头,更进一步":新闻发布和舆论引导工作积极推进,重大主题外宣成效显著,中华文化对外传播取得全新进展,网络新闻宣传工作再上新台阶,传播领域的国际交流与合作持续推进,行业与区域对外传播能力进一步增强,对外宣传工作整体合力正在逐步形成。然而,"就国际形势来看,今天的国际舆论仍然是'西强我弱'。美国等西方媒体垄断了世界大部分地区近90%的新闻传播,发布的信息量是世界其他国家发布的信息总量的百倍。"(唐润华,2005:52)这些占主导地位的西方媒体控制着国际舆论的话语权,正竭力利用意识形态丑化中国。再加之目前我国外宣材料的翻译质量参差不齐,意欲通过外宣翻译工作来改变海外受众对中国的看法是"一项长期而艰巨的任务,不可能立竿见影,相反,有时甚至会劳而无功"(唐润华,2005:52)。因此,关注外宣翻译的政治因素与政治操控,提高外宣材料的编写和翻译质量,创新外宣工作的思路与方式来减少"宣"的色彩、实现"传"的效果刻不容缓。换言之,如何在对外宣传工作与外宣翻译工作中体现政治意识、对外意识、服务意识、效果意识,使对外宣传真正做到把握政治性、体现时代性、抓住规律性、富有创造性、增强实效性应成为我国文化传播战略、对外交流战略与国际舆论战略中具有重大现实意义与理论探索价值的研究课题。

2010年,中国经济总量(GDP)超过日本,跃居世界第二位,成为一个名副其实的经济大国,但我们必须清醒地认识到我们的人均GDP还处于世界100位之后,还只是日本的十分之一,"'穷国'现实尚未改变,从国富走向民富更为重要"(邢飞,2011)。我们"还不是一个强国,从大国到强国还有很长的路要走,其中不可逾越的一段路程就包括提升国家形象和文化软实力"(衡孝军等,2011:前言2)。一方面,现代社会的国际竞争不纯粹是经济实力与科技水平的竞争,一个国家的文化地位与作用在竞争中的优势日趋明显。因此，进一步提高外宣工作的质量与外宣翻译的水平，落实好文化“走出去”战略，增强中华文化的影响力是提高我国综合国力、增强核心竞争力、树立良好国际形象的内在需求，也是一项刻不容缓的重要政治任务。另一方面，我们也注意到“从‘中国崩溃论’到形形色色的‘中国威胁论’，再到‘中国责任论’；从人权问题到武器进出口，再到贸易纠纷；从3·14拉萨暴力事件再到7·15乌鲁木齐暴力恐怖事件；从北京奥运会到上海世博会，无论是被质疑、攻击还是称赞，中国都已经处在世界的放大镜之下，成为颇受关注的国际话题”（黄友义，2009：I），我们也不得不切实提高对外宣传的能力和外宣翻译的水平来准确把握并表达国内外政治形势的发展变化，“更加积极有效地传播中国声音、弘扬中华文化、展现中国形象”①，这是国内、国际政治形势发展对外宣工作的客观要求，也体现了外宣翻译对宏观政治形势的回应。而这其中，外宣翻译作为我国目前对外宣传工作的主要实现形式与传播中介，理应受到足够的重视，外宣翻译及其政治性的研究工作也同样势在必行。

此外，开展外宣翻译及其政治性研究还是提升外宣翻译关注深度、强化外宣翻译研究学科地位、进而为提高外宣效果与文化软实力建设创造条件的必要举措。根据翻译内容与对象，大致可将翻译分为文学翻译与非文学类翻译（亦常被称为“应用翻译”或曰“科学翻译”）。外宣翻译，尽管包含了少量文学翻译，如典籍外译等，但整体而言，应归入应用翻译或非文学类翻译的范畴。据上海翻译家协会副会长、上海外国语大学高级翻译学院名誉院长柴明颎教授透露，“目前90%以上译者所做的都是非文学类翻译，从字斟句酌务求严密的法律典籍到表述微妙暗藏机关的外交文件，从专业艰深的科技论文到类型复杂的商务文本……随着全球化进程

① 出自中共中央对外宣传办公室、国务院新闻办公室时任主任王晨在2012年1月4—5日在北京召开的全国对外宣传工作会议上的讲话精神，转引自记者华春雨题为《全国对外宣传工作会议在京召开》的专题报道，刊于2012年1月6日《人民日报》第4版。

加快，非文学类翻译的量日长夜大”[1]。可以说，绝大多数人平常所从事的翻译工作就是非文学翻译工作，这些工作本身就是某一领域、某一行业、某一部门的外宣翻译工作，是为该领域、该行业与该部门的公共宣传与对外宣传播而服务的，就是“大外宣”背景下的外宣翻译工作。外宣从业人员主要从事的是非文学类翻译，“文学翻译只是偶尔练笔的一种方式，靠它生存者少”（黄忠廉、李亚舒，2004：vi）。然而，与“大外宣”中非文学类翻译占据90%以上形成鲜明对比的是，人们对于不足10%的文学翻译的研究兴趣远远超出对外宣翻译及其研究的关注度。究其原因，可能是人们习惯上只把文学翻译视作孕育翻译大师的土壤，故对其趋之若鹜，而包含外宣翻译在内的非文学翻译却都有“雕虫小技”之嫌，似乎都是一些简单语言转换技巧的运用，不值一提，故贬而远之。然而，“对文学翻译的研究并不能代替其他文体翻译的研究，其他文体在翻译中所经常出现的问题并不见得在文学语言中经常出现”（方梦之，1988：79）。而且，“业内深知，许多非文学类翻译（包含新闻翻译）的艰辛并不在文学翻译之下，能否准确达意，更具实际后果”（张健，2011：xii）。因此，加强对包含外宣翻译在内的应用类文体翻译的深入探讨、科学而系统地对外宣翻译及其政治性进行系统性研究就显得尤有必要，这也是我国谋求国际话语权、提高舆论宣传效果、加强应用翻译研究过程中不可或缺的一环。

---

① 详见《文汇报》记者对柴教授的采访，参见记者樊丽萍题为《经过“结构转型”的翻译行业，期待公众用新眼光看它——该重新定义‘翻译大师’了》的报道，刊于2010年3月24日《文汇报》第1版。

第二章　外宣翻译之政治属性

第一节　外宣翻译政治性之由来

从传播七要素，即传播主体、传播目的、传播内容、传播渠道、传播对象、传播场合与传播效果来看，外宣翻译是传播主体为了达成特定的传播目的，在特定传播场合通过特定传播渠道将特定传播内容译介传达给特定传播对象以实现某种特定传播效果的行为。而国家主导的外宣翻译则是国家或其代言机构与发言人利用合适的机遇或时机，针对特定境外受众群体，通过新闻媒介或其他方式将有待对外宣传的对象与内容进行对外翻译与报道，使之不断扩散与传播，以实现对外信息沟通、文化传播影响与国家形象建构的目的，为国家的和平发展营造良好的外部舆论环境与稳定的国际政治环境。这其中，绝大多数外宣翻译所涉及的传播要素与环节都脱离不开与政治性因素的关联，有的要素本身就是政治主体，如作为传播主体的国家或其代言机构与发言人，有的则需要通过和其他传播要素的组合或在特定的语境下与政治性发生关联，如传播场合，从而使政府主导的外宣翻译呈现出或隐或显的政治意图性与政治目的性。

外宣翻译的政治性归根结底是由于人的政治性而决定的。历史唯物主义告诉我们，人既是作为自然的人而存在，同时也作为社会的人而存在，前者是人的自然属性，而后者是人的社会性，也是人的本质属性，是人区别于一般动物的主要特点之一。所谓社会，简单来说，就是指特定环境下共同生活的人群以及该群体内人与人的关系的总和。自从人类社会形成以后，人与人的关系就发生了变化，阶层或阶级就慢慢出现，利益与利益集团也相应分化形成，权利、地位、关系等政治性概念相继出现，控制与反控制、压迫与反压迫、影响与反影响等政治性实践也随之而来。政治就像一张无形的网，逐步将所有的人笼罩在其“阴影”之下。而对于现代人而言，人生来就是处于一个政治网络之中，既受制于顶层的宏观政治因素的操控与熏陶，如国家政治与意识形态，又受制于语言符号、社会习俗、个人地位等中观、微观政治性因子的影响与浸润。难怪有国外学者约瑟夫如此评论，“人生来就是政治性动物，甚至有些人将政治性这种特性发挥到了极致，成了政治家”（John Joseph，2016：13）。

外宣翻译的政治性同时也是由国家的政治性来决定的。马克思列宁主义认为，国家是阶级矛盾不可调和的产物和表现，是经济上占统治地位的阶级进行阶级统治的政治权力机关。国家是一种历史现象，它不是从来就有的，而是生产力发展到一定阶段出现私有制，进而出现不同政治阶层，产生不可调和的阶级矛盾的结果。国家在实施政治统治与公共管理职能时所体现的均是统治阶级的政治意志与主张。作为对外宣示阶级统治、传达政治主张、维护国家形象的工具，政府所开展的外宣翻译也是为宣传并维护统治阶级的政治意志与主张而服务的，外宣翻译部门作为国家政治机器的重要组成部分，其政治操控性不言而喻。外宣翻译的“对外性”就决定了它更具政治性与政治色彩，也就决定了大多数外宣材料蕴含了国家利益、政治立场、主流意识形态和诗学观等“无形之手”的操控，扮演着国家政治“喉舌”和民族文化“窗口”的重要角色（朱义华，2012：98）。

外宣翻译的政治性还是由语言符号的政治性来决定的。尽管外宣翻译可以跨越符际界限，以多模态或符际化的方式来呈现，比如通过形象宣传片来开展对外宣传，但主要还需借助语言符号来完成的,绝大多数纸质版或电子版的外宣翻译材料均是以语言为主要媒介来进行翻译与传播,因而外宣翻译在很大程度上将受制于符号的政治性影响。“语言的政治性是彻头彻尾的,不论是从其自身结构还是从其实际使用来看均是如此。”(John Joseph,2016:iii)语言符号的使用主要取决于处于不同社会关系与组织机构、有着不同政治目的与利益需求的社会人角色,这些人的政治身份、政治地位与政治诉求将有意无意地影响着他们所使用的语言结构。外宣翻译工作者的翻译与传播活动主要以语言符号为载体而展开,他们在进行对外宣传与翻译时既代表其所属组织机构(或国家)的政治利益,传达其政治主张,同时也会利用机会来合理表达自身的政治关切,体现其政治诉求。“即便个人在说话时不带政治意图,其语言行为也具有政治潜势,仍可能被听众或读者解读为具有某种意图。”(John Joseph,2016:17)

从宏观视野来看,外宣翻译之政治性是由外宣翻译的国家主导性与外宣翻译的方向性——对外性所共同决定的,而究其源头,外宣翻译的政治性是由社会的人的政治性、国家的政治阶级性与语言符号的政治性共同作用的结果,也是主客观因素相互渗透、相互作用的结果。

第二节　外宣翻译之政治性属性

要提升作为国家政治与国家战略的外宣翻译的对外传播效果,首先必须回答的一个关键性问题就是何谓外宣翻译的政治性,或者说如何来理解外宣翻译的政治性问题,然后才能“对症下药”,找出实现外宣效果最大化的翻译策略与方法。而通过汲取翻译学、传播学、译介学、国际关系与政治、全球化研究与跨文化研究的成果来对外宣翻译的政治性进行立体式解读,可以对外宣翻译的政治性形成比较完整的理解,并从中窥出外宣翻译政治性的维度构成、生态机制与特征规律等,全面把握外宣翻译的政治属性。

外宣翻译是翻译在对外宣传领域的一种具体表现形态，是以外国语言文字为工具来介绍、报道、宣传我国“人、事、物”的一种信息资讯共享、一种意识形态宣传、一种思想情感交流与一种历史文化传播活动。它既具有一般意义上的翻译特点，即一种语言形式的转换活动与一种意义内容的传递活动，但与此同时由于它更加突出实际效果与受众反馈，注重信息的双向流动、舆论环境的积极营造与国家形象的正面建构，因此它又不等于一般意义上的翻译，它是一种用外语进行“再创造”的跨文化传播活动与政治实践行为，是传播学研究的一个重要领域。在对外宣传工作中，外宣翻译的翻译属性与传播属性共生共存、相互促进，外宣翻译研究也从翻译学与传播学中汲取了大量的养料，正沿着交叉性学科或者说交叉性学术研究的方向发展。因此，外宣翻译研究的跨学科性质较一般学术探究更为明显，这是由外宣翻译研究的双重学科属性（即翻译学与传播学的双重属性）所决定的。翻译只是对外宣传的手段，而传播才能实现对外宣传的目的，可以说，外宣翻译是传播学与翻译学的完美结缘。

从国际政治角度来看，外宣翻译不仅是翻译学与传播学所研究的问题，还是一个政治学的问题。它既是两种语言符码之间的转换，表达了外来文化与本土文化的冲撞与融合，同时也是面对特定的文化、语言和政治张力而出现的实践方式（张羽佳，2007：33）。作为一种在具体的历史情境下产生的政治策略和文化选择，外宣翻译的政治性体现了译者与文本在当下正在发生的历史中所展现出来的复杂关系：是谁，在何种历史情境下，以什么样的方式对文本进行翻译，他的预期的读者是哪些人，他想通过翻译达到什么样的现实目的，又想通过怎样的文化想象来激发他的读者，从而改变历史发展的进程（张羽佳，2007：33）。实际上，这种复杂关系是传播七要素在外宣翻译上的具体体现，也是外宣翻译参与历史建构、影响历史进程的政治性体现。

在全球化的今天，世界政治、经济、文化的联系日益紧密，只有全球化的文化理念才可能长期地被全球各国自愿认同。外宣翻译的译者与译文只有适应了全球化的浪潮与政治生态环境才能幸存下来,外宣翻译的过程就是一个译者、译文在全球化政治生态环境中的一种适应性选择。“对于译者,适者生存、发展;对于译文,适者生存、发展。”(胡庚申,2004:67)只有外宣译文生存、发展了,才能达成预期的外宣效果。正因为如此,外宣传翻译的重要性也就不言而喻,“中国文化能否走出去,能走多远,走出多少,在很大程度上都取决于翻译工作的力量。”(黄友义,2008:9)

外宣翻译中“外宣”一词的定性修饰与界定就决定了外宣翻译具有不同于一般的翻译特点,它肩负了一个信息共享、思想交流、文化传播的社会功能与一个舆论营造、影响控制、历史建构的政治功能,扮演着多维政治角色的重任。黄友义(2004:27;2005:31)指出,在国家的对外宣传中,翻译者的任务就是出色地将中文译成英文,通过图书、期刊、报纸、广播、电视、互联网等媒体以及各种国际会议发表和传播中国的观点。换言之,我国的外宣翻译承担了“让中国走向世界、让世界了解中国”的任务,这是出于国家政治的需要。其结果,毫无疑问将有助于提升我国的文化软实力与国际影响力,为经济社会的持续发展营造良好的舆论氛围,从而为尽可能避免国际争端、广泛赢取国际支持创造条件。

因此,外宣翻译的本质属性就可以概括为一种跨语言、跨文化、跨地域的信息共享与思想交流活动,一种意识形态的国际旅行与传播实践,一种国家形象在国际生态环境中的适应性选择与自我建构方式。简单来说,外宣翻译就是中国事物、外语表达,中国内容、国际传播,中国形象、国际建构!这也是对外宣翻译政治性属性的高度概括与真实写照。

第三节　外宣翻译政治性之研究现状

翻译的政治性与外宣翻译的政治性是国内外译学界、文化学界、政治学界与哲学界等广泛关注的课题。一方面他们积极介绍有关翻译与政治、文化关系方面的理论，另一方面也从政治权力、意识形态与殖民主义、女权主义等角度探讨翻译的政治维、文化维与伦理维，使翻译与政治的研究在21世纪初期呈现出迅猛发展的良好势态。

一、翻译政治性与外宣翻译政治性之国内研究现状

基于翻译与语言、文化、历史的关系来研究翻译的政治性，进而深入外宣翻译的特殊性与政治性研究是国内翻译领域有关政治性研究的整体趋势。从期刊论文来看，侯晶晶(2001)探讨了政治的三种形态，即意识形态、制度形态和组织形态对翻译的操控现象；王东风(2003)则以“一只看不见的手”为题讨论了意识形态对翻译实践的操纵；朱耀先(2007)从历时和共时的角度考察了翻译的政治问题，披露了翻译在两种不同文化碰撞和交融过程中显现或隐含的政治权力关系；张羽佳(2007)从思想启蒙、话语论证与政治修辞三方面论述了翻译的政治性以及翻译对历史进程与演变的影响与作用；刘明东(2010)则对翻译的选择进行了政治思辨，认为翻译具有鲜明的政治性，主要体现在译语语种选择、译料选择和译法选择三个方面；周宣丰(2014)受福柯后现代权力观的启发，将翻译的政治分为翻译的权力政治与翻译的抵抗政治，并指出翻译场中的强势自我往往在与他者关联和对立的过程中通过控制翻译方向性、文化审查、归化文化“他者”和对“他者”进行“他者化”表征等机制行使权力政治，以此建构、巩固预设的权力结构关系，并以“他者”为镜建构身份认同；而李美涵与段成(2015)则以习近平海洋外交系列演讲文本的翻译为例，专门探讨了我国政治语言翻译中的政治性问题，指出外交语言的翻译必须在“政治等效”原则的指导，确保信息的准确性与政治性。同时，更有学者从“零翻译”着手来谈论翻译中的语言政治与文化政治，如龚晓斌

(2008)、朱纯深(2011)。而几部代表性著作的出版,如许宝强、袁伟(2001)编著的《语言与翻译的政治》、费小平(2005)的专著《翻译的政治——翻译研究与文化研究》、王宪明(2005)的专著《语言翻译与政治:严复译社会通诠研究》、孙志祥(2009)的专著《文本意识形态批评分析及其翻译研究》、曾记(2016)的专著《从同一到差异:翻译研究的差异主题和政治、伦理维度》和胡翠娥(2016)的专著《翻译的"政治":现代文坛的翻译论争与文学、文化论争》则把翻译的政治问题提到了理论探索与描写研究并举的高度,这其中既有探讨翻译中的有意识或无意识权力层面,对中西语境中的翻译政治进行溯源追踪和学理讨论的论著,也有从历史上有关翻译事件与翻译实践中来反观翻译中的文化政治、语言政治、伦理政治、文学政治甚至权力政治等问题,极大地丰富了翻译政治性研究的维度,为探讨外宣翻译的政治性奠定了扎实的基础。

而就外宣翻译的政治性而言,过家鼎(1985)早就注意到了外宣翻译中的政治话题,并结合实例进行了多次探讨(2002;2005)。他指出外宣翻译工作必须注意掌握用词的政治含义和政治分寸,坚决维护民族与国家利益。程镇球(2003;2004)则明确指出政治文章的翻译要讲政治,忠实的尺度要把捏到位。对此,翻译学者张顺生(2006)也持有同样的观点。施燕华(2004)则对作为我国外宣翻译主要类型的外交语言翻译进行了多次探讨,认为外交翻译应该注意用词准确,掌握分寸,要有政治的敏感性,有时甚至要死抠文字。贾毓玲(2011)指出外宣译者的政治素养对准确翻译中央文献、传递其政治意义的重要性,而杨明星(2008;2012;2014)则强调外交语言的政治性,认为外交语言政策性强,事关对外政策和国家利益,翻译时要准确把握原文的政治语境与政治内涵,做到"政治等效"。朱义华(2012;2016)则分别就作为国际热点问题的"南海岛屿之争"中所涉及的外宣翻译政治性问题及其政治暴力维度进行了深入剖析,指出对外宣翻译政治性的探究有利于发掘隐含在外宣翻译背后的政治力量及其博弈,为国家外事外交政策的及时调整发挥智库作用。王平兴(2014)专门强调了汉英翻译,尤其是时政翻译中的政治考量。译者所使用的译文语言要正确,能准确地传达预期的政治信息,而不会对信息传达产生"噪音"干扰。胡芳毅(2014)从勒菲弗尔的操纵理论入手,通过政治文本的翻译,探讨了意识形态对外宣翻译的影响,尤其指出了政治文本的译者必须充分考虑意识形态对于翻译的操纵,在顺应国外读者思维习惯的同时保持高度的本土意识,在准确地传达原文内容的基础上对原文适当改写,以确保达到最佳翻译效果。由此可见,国内对外宣翻译政治性的研究较具针对性与直接性,且与上述有关翻译政治性研究的理论广角相互呼应,做到了翻译理论与实践的并举。

二、翻译政治性与外宣翻译政治性之国外研究现状

从20世纪中叶开始,西方学者就开始注意到翻译的政治性问题,并进行了一系列有效的探索。欧洲学者温特(Werner Winter)早在1961年就发表了题为《作为政治行为的翻译》一文,她批判了苏联大肆翻译亚洲文学来博取亚洲国家欢欣与支持的"不良用心",从而使翻译成为了政治斗争的附庸(转引自:费小平,2004:133)。法国学者福柯(Michael Foucault)有关话语权力和话语霸权的阐释表明翻译的政治就是关注话语的秩序,关注那种"微妙的、独特的、隐藏于个别下的各种各样的痕迹"(费小平,2005:74)。后殖民主义翻译理论家尼南贾纳(Tejaswini Niranjana,1992)在《给翻译定位》中详述了殖民背景下翻译所发挥的哲学的、语言学的和政治学的作用,认为翻译自始至终是政治行为。另一位后殖民主义思潮的代表人物斯皮瓦克(Gayatri Spivak,1993)曾专门讨论"翻译的政治性"命题,对其内涵、外延及产生的语境做了较为系统的阐述,并对其中蕴含的权力问题做了深刻的讨论。勒菲弗尔(André Lefevere,2004a)有关"文学、翻译与操控"的思想提出了充

满权力色彩与操控者中心主义的改写策略，认为翻译是“当地文化自愿接受外来影响，并被之所渗透、挑战甚至颠覆的渠道”，进一步佐证了翻译的政治性。Ellis 和 Oakley-Brown(2006)编纂的《翻译与民族：英格兰的文化政治》一书指出一部英国近代翻译史也就是一部英格兰文化逐步确立的历史，翻译不止是一种文化交流，或者仅仅是丰富英国本身的文化，而是构成整个英国国民性与推动英国政治历史进程的力量。而 Alvarez 和 Vidal(2007)在其编著的 *Translation, Power and Subversion* 一书中明确提出“翻译是政治性行为”的观点。由此可见，国外学者对翻译政治性命题的研究不但相当广泛，而且也颇为深入。

然而，国外研究似乎更多是从宏观视野来讨论翻译的政治性而非直接讨论外宣翻译的政治性，且主要是从翻译与文化、政治、话语权力以及意识形态的关系中逐步进行演绎与探讨，对翻译政治性的具体实现方式与翻译策略的运用论及不多。再加之外宣翻译跨学科特点，国外的“外宣翻译工作”更多地归为“公共关系”或“国际传播”的范畴，因而导致国外翻译研究中独立的“外宣翻译”概念与相关研究的相对缺场，已有著述更多的是站在全球化、新闻传播、国际关系、跨文化交际研究的广角来探讨新闻报道、政治语篇与跨文化交际的问题，但其中不乏对我国外宣翻译及其政治性研究具有参考价值的著述。例如，约瑟夫(John Joseph,2016)从语言符号与语言使用中政治性因素的渗透性、语言民族身份的构建性、语言与社会的政治性、语言与政治斗争、语言与权力、语言与限制、语言与修辞及宣传等方面系统论述了语言的政治性，为探讨以语言转换为基础的外宣翻译的政治性研究铺平了道路。可以说，国际研究中的全球化、传播学路径与政治性视角拓展了从事外宣翻译研究的视域，为我们从跨学科角度来探索外宣翻译及其政治性提供了重要参考。

三、国内外翻译政治性与外宣翻译政治性研究之启示

国内外对翻译政治性的研究主要涉及意识形态、权利关系、语言文化等上层政治影响因素的研究，既有较具理论思辨性的讨论，也有更具实际操作性的探讨，为外宣翻译政治性研究的开展奠定了基础。然而，由于外宣翻译的“中译外”特征，国外对其政治性的研究明显不如国内的有针对性与直接性，但国内的探讨要么围绕语言、政治、历史、文化等宏观层面，要么聚焦政治文献与外交话语翻译等具体问题，对外宣翻译政治性的属性由来、特征表现、构成维度、暴力倾向、生态机制等缺乏系统性的探讨与深入的剖析。这种现状就为我们全面讨论外宣翻译的整个政治生态系统，即上层政治（国家利益、国家战略、意识形态）、中层政治（语言政治、诗学政治、文化政治、出版或赞助人）与下层政治（译者个性审美、受众群体）及其互动演化提供了探索的空间，同时也为我们探索应对外宣翻译政治性的指导原则、翻译策略与具体技巧创造了条件。

第四节　外宣翻译政治性研究的意义与价值

外宣翻译突出国家信息的对外译介报道与输出传播，它不仅是一项信息资讯共享、思想情感交流与历史文化传播的活动，更是国家形象得以建构、国家利益得以维护、意识形态得以宣传的重要手段。因此，外宣翻译与纯粹以信息内容为输出传播对象的一般翻译活动有着明显的区别，其“对外性”标签就决定了它更具政治性，而研究其政治性与翻译策略则有助于我们在对外工作中借助语言与文本策略的运用来提升外宣效果，切实维护国家形象与民族利益。因此，研究外宣翻译及其政治性既具有重要的理论研究价值，更具有不可替代的现实意义。

一、理论价值

首先,研究外宣翻译的政治性有利于促进译学的传播学探索与跨学科研究。外宣翻译是翻译思维与传播艺术的整合,对外宣翻译的研究具有翻译学与传播学的双重学科属性。任何外宣翻译活动都是在特定的政治环境与历史背景下进行的,不可避免与国家利益、意识形态、语言文化、诗学审美、商业赞助、个性选择、受众群体等政治性生态因素发生关系。可以说,外宣翻译活动是译出语政治生态在译入语政治生态环境中的一次"侵入性"旅行与传播。因此,对外宣翻译这种政治属性的研究有助于透过传播学来窥探翻译过程中政治生态环境因素的影响与作用,促进翻译学跨学科研究的不断深入。

其次,研究外宣翻译的政治性有利于拓展译学的本体论内涵与研究视阈。译学本体,即翻译研究的本体,除了包含语言文字转换过程本身以外,还包括翻译过程以及译者、接受者等翻译主体和翻译受体所处的历史和文化语境,以及对两种语言文字转换产生影响和制约作用的各种文本以外因素。这其中,政治性因素的影响与制约作用表现尤为突出。研究外宣翻译的政治性的意义在于把翻译研究跟政治、权力、意识形态与经济、社会、历史等因素全面地联系起来进行考察,使翻译学真正走向多学科、交叉性的综合研究途径,既丰富译学本体研究的内涵,又拓展翻译研究的空间。

最后,研究外宣翻译的政治性还有利于全面发掘语言符号与语言使用(者)的政治性。外宣翻译尽管存在非语言的形式,但主要还是以语言为载体的符号转换、思想传达、文化输出与影响施加行为与活动。因此,透过其政治性的分析,就全面考察语言的政治性与语言使用者,即人的政治性,从而也深化对社会的人与人类历史书写的认识。

二、现实意义

第一，研究外宣翻译的政治性有助于提高对外宣传的实际效果。外宣翻译往往呈现出很强的信息输出性，或明或暗地对外宣传着某种政治思想、意识形态与价值观念。作为我国目前对外宣传工作中必不可缺的载体与主要实现形式，外宣翻译也就更具政治性考量。研究外宣翻译的政治性及其应对策略就是从一个侧面研究对外宣传的方式方法与应对技巧，即通过探讨外宣翻译策略的灵活运用来帮助外宣工作者和外宣译员强化政治意识，做出政治准确的翻译抉择，同时淡化政治色彩，“以收潜移默化、水滴石穿之效”（沈苏儒，2009：19），从而更好地向世界说明中国、让世界了解中国，提升对外宣传的实际效果。

第二，研究外宣翻译的政治性有助于提升我国的文化软实力。在当前中国文化“走出去”与“一带一路”倡议实施的宏观背景下，研究外宣翻译的政治性将有利于我们把握对外宣传与翻译工作的政治方向性与翻译规律性，通过翻译应对策略的运用来切实维护我国的国家利益，逐步树立我国作为政治大国的国际威望，从而提升我国的文化软实力，增强我国的国际声誉、国际影响与国际地位。

第三章 外宣翻译之政治特征与表现

外宣翻译的“对外性”使它既具政治色彩，又凸显跨文化性，从而决定了它既不能像国内宣传那样带有明显的“宣传腔、领导腔”与“教育、说服”的口吻，也不能完全回避国家政治与意识形态宣传的“传话筒”功能，既不能不顾国家利益与政治严肃性，也不能损害其他国家与民族的合法利益，既不能唯我独尊、目中无人地吹嘘宣传，也不能卑躬屈膝、一味盲目地迎合外国受众的需求。因此，外宣翻译在政治意识、文体风格、思想内容、宣传基调、宣传特色等方面均有鲜明的政治性特点。

第一节 政治敏感性与严肃性

在对外宣传工作中，难免会碰到一些政治敏感性话题，比如有关领土、主权、人权、外交等方面的话题，译者必须保持高度警惕，切实维护外宣翻译的严肃性，维护国家主权、领土完整与民族独立，同时避免因一时疏忽出现译文直接或间接损害其他国家主权、领土完整与民族利益的情况。可以说，政治领域的外宣翻译给予译者的翻译自由与主体性发挥是极为有限的。因此，诸如编辑、译者、记者、审稿人等在内的外宣从业人员应不断提升自身的业务素质，牢固树立良好的职业道德，始终保持敏锐的政治头脑，而绝不能因个人好恶而随心所欲地胡译、乱译、误译。

外宣翻译工作的政治敏感性首先体现对我国主权与领土完整的维护，这是国家利益的根本所在，也是外宣翻译的使命所在。

比如，我们常提到的台湾问题便是政治敏感话题，外宣翻译中应尽量避免使用有争议的表达形式，如“the Taiwan issue/the issue of Taiwan/...”，而应酌情使用意义明确且政治立场明确的语汇，如“the topic/future/development/sovereignty/...of Taiwan”或政治上无歧义的表达，如“issues related to/concerning/regarding... Taiwan”① 等来处理。西藏虽早已和平解放，但由于达赖分裂分子的造谣与妖魔化宣传给很多国外不知情的人士造成了误解，因此在翻译时可参照有关台湾问题的翻译方法来处理，避免给人落下话柄。例如：

例5 胡锦涛主席对墨方在台湾与西藏问题上坚持一个中国政策表示感谢！

译文：President Hu expressed his appreciation for the adherence of Mexico to the one-China policy concerning **the sovereignty of Taiwan and Tibet**.

与此同时，外宣翻译工作的政治敏感性也要求译者注重政治立场、政治口吻与政治语气等，做到内容准确传达、精神契合到位。例如，1999年5月北约轰炸了中国驻南斯拉夫大使馆之后不久，中国领导人曾严重警告美国及其盟国说：“中国人民绝不答应！”这里的“绝不答应”显然并非“绝不赞成某人的观点或某方立场”(The Chinese People will never **say yes!**)那么简单，而是指中国人民坚决不允许、不能听任美国及其盟国这么胡作非为，因此其正确译法应当是“The Chinese people will never **let it go that way!** ”这样的译文才能完整地传达出原文的政治立场与口吻，起到真正警告的作用。

---

① 本书中所有名称、概念及其翻译与所有例证原文、译文均摘自有关外宣网站、报纸、杂志、教材、专著、学术期刊等，但凡出处可考证者均已标注，部分出处无从可考，在此作者深表谢意！下文恕不再一一说明！

再如,2010 年 4 月,胡锦涛总书记在视察青海省玉树县地震后重建的孤儿学校样板房教室时,在黑板上写下了“新校园,会有的!新家园,会有的!”12 个字。有媒体将其译为“There will be new schools! There will be new homes!”,这种译法有待商榷! 首先,“there be”结构通常表示某种客观存在或对其的描述,而不能传达出说话人的主观意愿,而胡锦涛总书记的原意不仅仅是表示“将会有新学校! 将会有新家园!”那么简单,更有“让受灾地区和受灾群众放心,我们将和大家同舟共济、共渡难关,一道来共建美丽校园与美好家园”的意志决心与主观意愿。也就是说,“新学校将会被我们建起来! 新家园将会被我们建起来!”因而,翻译成被动语态“New schools will be built! New homes will be built!”更能体现出这种主观态度。接下来,我们再来分析其中的语气与口吻传达是否到位。助动词“will”一般用于第二、三人称来表示将来时态,还不足以体现胡总书记所题写话语中包含的、代表党中央和全国人民所做出的承诺,因而最好将其改译为“New schools shall be built! New homes shall be built!”这是因为“shall”用于第二、三人称时作情态动词使用,能传递出说话人的意愿、意图、意旨乃至命令等口吻与语气,从而与原文做到完美的契合。

外宣翻译工作的政治敏感性还体现在外事外交工作的严肃性上,要求外宣从业人员时刻提醒自己对其他国家的主权、领土完整、国家体制及其相关机构保持尊重,不因翻译的不到位而造成干涉他国家内政、有辱他国形象或忽视国际礼仪之嫌、之举。外宣报道的严肃性“要求译者必须注意掌握用词的政治含义和政治分寸”(过家鼎,2002:59),否则有可能导致国际争端与政治纠风的发生。比如,下例中有人将某国领导人发言中的“关注”(attention)一词误译为“兴趣”(interest),导致该国部分读者误以为中国政府对小国与其他发展中国家的内政外交“感兴趣(意欲染指、干涉别人内政)”,最后导致该国外交部对我国的不满与交涉。且不说该国领导人有可能会因此“带有卖国性质的欢迎态度(外宣译文所导致的,笔者注)”而被迫辞职,至少对我国与该国的友好合作关系也是有负面影响的,与我国奉行的和平外交政策背道而驰,也不利于我国在国际上树立正面形象与大国威望。

例6 我们因此欢迎中国关注和理解我们小国与发展中国家所遇到的问题和所持的立场。

译文:We, therefore, welcome the **interest** and understanding that China has shown regarding the problems of and positions taken by small and developing countries.

国家层面的外宣翻译工作最终是为外交外事事务服务的,因此外宣译员在没有把握的情况下应该十分谨慎,仔细查阅资料,避免在外宣翻译与报道中犯常识性、礼仪性甚至政治性错误,造成政治事故或损失。比如,南美洲玻利维亚的法定首都是苏克雷(Sucre),而不是政府所在地(一说行政首都)拉巴斯(La Paz);部长在中国一般用“minister”来英译,但英美等国则常用“secretary”来表示,但也并非全然如此。比如,在英国,财政大臣是“Chancellor of the Exchequer”,而外交大臣则是“Secretary of State for Foreign and Commonwealth Affairs”,简称“Foreign Secretary”,但不用我们中国所常用的“Foreign Minister” 或“Minister of Foreign Affairs”。在中美的行政区划上,我国的省大致与美国的州同级,所以省长与州长都译为“governor”,但是副省长与副州长则不同,前者一般译为“vice governor”,但后者在美国则是“lieutenant governor”,简称为“Lt. Governor”。还有,同样是议会,英国等国译为“parliament”,美国等译为“congress”,日本的却为“Diet”,俄罗斯的却是“the State Duma”,而以色列的则应该译为“Knesset”,彼此不尽相同。

因此外宣译员尤其需要保持政治敏感性,扎实的语言功底和职业道德素养对于从事外宣翻译的工作人员来说是从事外宣翻译的必要条件,但不够充分。外宣译员的政治敏锐性与严肃性不仅关乎个人的职业前景,而且关乎对他国的主权尊重与礼貌原则,更加关乎中国的对外形象与国际关系,故不能掉以轻心、随意应付。我们常用"戴着镣铐跳舞"来形容诗歌翻译之难,实际上外宣翻译也是在"戴着镣铐跳舞",而且还是"带着政治的镣铐在跳舞",且要"跳得优美"才能起到真正的传播效果。

第二节　文体正式性与庄重性

政府有关部门需要对发生在本部门乃至整个国家的重大事情或有宣传价值的材料通过比较官方的传播媒介来对外报道,从而实现其外宣效果,达成其政治或经济目的。这是由宣传的目的性属性所决定的,用拉斯韦尔(Harold Lasswell)的话来说,宣传是一种"处心积虑地加以利用的传播"(转引自:衡孝军等,2011:3)。因此,外宣主体与译者通常会考虑采用正式、庄重、得体的话语表达与修辞方式来进行宣传与翻译,以求符合宣传材料与传播媒介的"场合"。正是"由于外宣材料往往涉及政府部门及企事业单位的相关重要内容,信息的传播也多通过正式的渠道,因此在翻译中要注意使用较为正式的文体"(冯军,2010:67),而在翻译政治性文献、国家领导人讲话与某些专业领域的场合则可能更需要比较庄重的口吻与文体来传达,以求语域(register)上的契合,即语场(field)、语旨(tenor)与语式(mode)的契合。语场、语旨与语式乃韩礼德(M. A. K. Halliday)语篇分析模式中语域分析的三个变量与组成部分,分别指交际目的及主题、交际者之间的关系与交际方式,它们与语言的三大纯理功能——概念功能、人际功能与语篇功能相一一对应(Halliday, 2004)。韩礼德的语篇分析模式有利于外宣译者在译前通过分析得出所译外宣语篇中所涉话题、事件或活动的性质、特点、目的与内容;传播施为者与受众的特点、地位、角色与关系以及交际渠道与修辞方式,从而整体上把握原文的语言风格与宣传意图，并据此在译入语中选择正式程度与风格口吻类似的表达来传递宣传效果。

一般说来，正式文体往往是介于严肃文体与非正式文体之间的一种语言修辞风格，是语言与社会使用环境相结合的产物。有关文体正式程度的分类研究颇多，其中以 Martin Joos(1961)与 Peter Newmark(2001:14)的颇为著名。前者按语言使用的正式程度把文体分为五类，即庄重文体(frozen style)、正式文体(formal style)、商议文体(consultative style)、随便文体(casual style)和亲密文体(intimate style)，而后者则区分更为细致，包含了文牍体(officialese)、官方正式体(formal)、中间体(neutral)、非正式体(informal)、口语体(colloquial)、俚语体(slang)与禁忌体(taboo)。

不管如何分类，正式文体均具有一些共有的特点。秦秀白(2002)认为英语正式文体与非正式文体在词汇的选择与使用上、在语法与句子结构上均有所不同。正式文体场合往往叙述客观视角，被动语态偏多；喜用大词，不用缩略形式；遵守语法规则较为严格，而且句子结构也趋于避免过于简单化等，而庄重文体可能在遣词造句与整体风格的传达上比正式文体更加严格、严谨，往往会呈现一定的格式化与客套化趋向。例如，在下例的外交发言语境中，译文(1)的正式程度一般，而译文(2)则更为正式，甚至更加庄重，后者在遣词造句与整体风格更加符合外交话语的文体风格，因此也更为得体到位地呈现了原文的外交立场与外事主张，更适合作为原文的对应外宣译文。

例 7 对于南海争议，中方一贯主张，应当由直接当事方在尊重历史事实和国际法的基础上进行磋商。

译文(1)：Talking about the disputes over South China Sea, China always holds the opinion that they should be discussed by all the parties directly concerned on the basis of respecting history and international law.

译文(2)：On the disputes in the South China Sea, China

maintains that consultations should be held by the parties directly concerned on the basis of respecting historical facts and international law.

因此，在外宣翻译时，译者应该努力做到视角客观、语汇正式、语法准确、句式合理，从而满足外语受众对于外宣译文文本正式风格与地道性译文的追求，为对外宣传赢取良好的第一印象，从而为争取国外受众的良好印象，获取国际社会的广泛支持创造条件。

第三节　内容准确性与灵活性

“准确性”，从语言学翻译观来看又可称为“对等性”（equivalency）或“充分性”（adequacy），是所有翻译的共性，但对外宣翻译而言则更为重要，这是由其“对外性”的特点所决定的。奈达（Eugene Nida，2001：116－118）认为，翻译是一种信息交流，其过程与效果取决于译文受众的理解与反应。翻译上的对等概念更多地是指交际功能上的动态对等，是译文读者在阅读完译文后与原文读者在阅读完原文后的同等反应。由于对外宣传是一种突出宣传效果的信息传播与交流活动，不准确的外宣译文就可能会招致国外受众的困惑与误解，不但没法取得同等的读者反应与动态对等效果，也达不到宣传方期待的传播效果，甚至还可能导致曲解、歪解，进而损害我国在国际上的国家形象。因此，译者应该充分了解中英语言、文化、思维的差异，做到理解到位、灵活表达、传译准确，从而实现译文与原文在信息内容与政治作用上的动态对等。

理解看似对于从事外宣工作的国人来说不成问题，但由于我国文化博大精深、文字演变沧海桑田、语言意义各式多样、新词新语层出不穷，再加之个人的百科知识储备远未达到无所不包的境界，往往给汉语为母语的外宣工作者与翻译人员造成困扰。“就言语本身而言，理解其表层意义不难，理解其深层意义、联想意义，

‘言外之意’难。这里还有语境、语言模糊性、方言行话等方面的问题。就文化内涵而言，除了语言与文化的关系外，还有原作者及原读者的民族、历史、地域、社会等文化背景的问题。”（沈苏儒，1998:206）比如，在文化典籍的外宣传播过程中，就常常涉及中国传统文化词的翻译问题，译者须具有相当的文言文素养与文化领悟能力才能参透其文化底蕴，很好地理解原文，从而为翻译的表达阶段奠定基础。

就拿传统文化词来说，它指的“是出现在中国历代文化典籍中，字词层面上的一个形式简单而具有深厚文化意蕴的符号单位”（朱义华、王宏，2005:124），如儒家学派所倡导的“仁、义、礼”、道家所提出的“道、德、无为”、《易经》与传统中医学中所依据的“阴、阳”等均属传统文化词的范畴。就以“道”来说，它是中国传统哲学思想体系中一个核心概念，既可指世界的本原、世界的本质和内在联系，也可指事物的规律、运动变化的过程，还可指政治原则和道德规范，甚至还可以指供我们行进的道路。“‘道’在不同方面的同义词包括：‘有、无、大、一、朴’等。”（汪榕培，1997:9）如此丰富的内容恐非英语中“way”或“road”一词所能概括与传译的，但我们又不能直接搬用西方文化中的“道”，用“Word”或“Logos”来翻译，这是因为一方面它们的内涵与外延都小于汉语中“道”的概念，另一方面“道”所承载的中国文化是不应该、也是不可能被“归化”的。因此，我们将目光转向了异化表达“Tao”，让读者在上下文中去领会其表层与深层含义，了解其认知联想与文化蕴涵。况且，“Tao”作为“道”的译借词早已进入英语，《牛津英语大词典》（第17卷）给出的最早例证是1736年：“Among the sentences [of Lao Kium] there is often repeated ...; Tao, says he, or Reason, have produced one, one have produced two, two have produced three, and three have produced all things”，其他词典对“道”也有类似的解释，如《章氏新国际词典》（第三版）和《兰登书屋英语大词典》（第二版）给“Tao”下的定义等，这毫无疑问将有助于受众的理解与接受。

同样，在外宣翻译过程中，现代汉语中的字词理解也得仔细推敲其表层意义与深层意义，否则同样会出现宣传效果欠佳的译文。例如，我们经常会提到"进一步完善……制度"，如果简单译为"further perfect (the system of) ..."则明显是被"完善"的表层意义所欺骗，因为在英文中表示"完善"一词的对等语"perfect"乃"无任何缺陷，十全十美"之意，自然不需要"不断完善"。而实际上，原文"进一步完善……制度"的深层含义则表明"某制度存在不足之处，需不断改进"，故应译为"continue to improve (the system of) ..."。又如，欧盟作为具有共同的外交与安全政策的政治同盟，但不是像同盟国、协约国或北约组织那样的突出军事结盟的形式，故而译为"European Union"，而不是"European Alliance"。相应地，像欧盟一样的政治同盟应翻译为"political union"，而不是"political alliance"。

再如，有一个工业地块由于地段较好、交通便利且租赁价格适中，所以在其宣传材料中出现了"肥肉"的字样（见例8）。译文(1)没有吃透原文，而是止步于表层意思，用"a fat piece of meat"来译"肥肉"，让读者产生一种"油腻感"。这种油腻的东西真的每个人都"想吃"吗？恐怕未必，因此宣传效果大打折扣。而译文(2)则将其深层意义与联想意义准确地予以了传达，将该地块的热销状态与受欢迎程度表露无遗，起到了很好的广告宣传效果。

例8　那地块是块肥肉，谁都想吃。

译文：(1) That lot is a fat piece of meat, of which every one wants to have a taste.

(2) That lot is an attractive piece of meat coveted by all.

如何在正确理解原文的基础上准确地用译入语表达并为目标受众所接受也是外宣译者必须解决的问题。"表达阶段的一个大问题，也是自有翻译以来就出现的古老问题，即如何正确地认识和解决两种语言、两种文化以及在不同时空条件下的两种受众的差异。”（沈苏儒，1998：207）就以中英语言的差异而言，汉语属意合性语言，内容的表达少用形式连接词，而英语属形合性语言，具有丰富的曲折变化手段与逻辑关联词。在翻译表达阶段只有注意到这一差别才能灵活做到迎合外宣受众的语言阅读与理解习惯。例如，“前事不忘，后事之师”既可译为“The remembrance of the past is the teacher of the future”，也可灵活地译为“Past experience, if not forgotten, is a guide for the future”，两者译文均规避了“以人作主语”常规句式结构，与原文保持一致，而且还准确地凸显了英语的形合特点，内部关系与逻辑非常清晰，便于英文读者接受。

汉英语言在表达方式、词义细微差别与社会、政治环境的演变等也会给外宣译者的表达阶段造成一定的麻烦，要求外宣译者在准确理解的基础上根据具体语境和传播的需要灵活地表达与传译。比如，汉语的表达方式相对模糊宽泛，而英语则偏具体明了，所以在翻译“做出积极贡献”“采取积极措施”与“表示积极参与”时，可根据搭配与语境分别将其中的“积极”译成“positive”“effective”与“active”，这样“积极”的具体所指维度才较为明确，外宣受众才能更好地理解原文。比如，各种行业协会与组织中的“协会”二字，有“association, society, federation, guild”等多种翻译，“工厂”也有“factory, plant, works, mill”等多种通用译文，如何灵活地选用最佳词汇来准确传达具体行业的特点与厂矿的特征不仅是个语言水平与敏锐度问题，恐怕还关乎外宣译者的百科知识与参阅借鉴能力。

社会的发展变化与政治的更迭演变也会给外宣译者带来临时的麻烦。比如，朝鲜以前统称为“Korea”，但自分成朝鲜（朝鲜民主主义人民共和国）与韩国（大韩民国）以来，就分别变成了“the Democratic People's Republic of Korea（DPRK）”与“the Republic of Korea（ROK）”。因此，外宣译者应紧跟国际时局的发展变化、社会的发展步伐以及语言的时代性，及时更新自己的知识结构，为准确地进行翻译奠定好基础。

新词新语在时间与语义上具有新鲜性，对其的准确翻译是外宣译者必须跨越的又一障碍，尤其是其中疑难词汇的翻译往往令译者绞尽脑汁。随着科技的进步、网络的发展、交流的推进、学科的交叉与特定事件的发生，每年都会有大量的新词新语伴随诞生。新词新语的内容或所包含的对象来自“政治、经济体制改革；物质文明和精神文明建设；日新月异的科学技术；教育改革与人才培养；社会问题与社会心态；‘热’现象 + ‘多’现象”（张健，2012：17—28）等诸多领域。Peter Newmark（2001：141 – 148）曾将新词新语分为“旧词新义、杜撰词、派生词、缩写词、搭配词、专名通用词、短语词、转借词、首字母缩略词、伪新词”等。比如，2008 年在网络迅速走红的“山寨”一词便属于旧词新义的范畴。随着“山寨”现象的走红，网络上各种英语译文也随之而来。究竟谁是谁非，恐有“不识‘山寨’真面目，只缘身在‘寨文’中”之感。下文拟抛砖引玉，以“山寨”英译为例，仔细分析如何在外宣翻译中灵活应对新词新语的翻译。

从语义上来看，除了指代少数民族聚居村寨与梁山泊山寨外，作为网络流行语或行话的“山寨”一词被更多地赋予三个维度的内涵：仿制、盗版的实物生产层面；模仿、娱乐的社会精神层面；反权威、反精英的平民（草根）精神层面（曹倩，2009：83）。山寨词义的丰腴度、使用的广泛性与语法功能的演变情况就要求译者根据具体情况选用不同的词汇来进行传译，既要具体分析、区别对待，也不能放任自流、随意发挥。

概括起来，网络上对“山寨”的译法主要有以下几类：音译法、直译法、意译法、创意法、借鉴法等。音译法从来都是一把双刃剑，在新词初译阶段尤为明显：一方面它有利于中国文化因子的输出与传播，但另一方面也会给译文受众带来认知与审美障碍，难以取得等效的读者反应。例如，“山寨文化”与“山寨机”如译成

"*shanzhai* culture; *shanzhai* cell phone",若如无上下文提示,这样的译文对于不懂中文的读者来说只能大致了解是某种文化范畴或手机型号,特别是"山寨机"的译文可能被误解为某种国外手机品牌,但音译是文化输出的重要阶段,也是输出中国特色文化语汇的必要举措之一。直译法基本上借用了汉英词典译法,只适合译"山寨"之本源义——山区村寨,所以"山寨药"译为"medicine of mountain village","山寨春晚"译为"village Spring Festival gala show"基本属张冠李戴式的误译。意译法则从表现行为、律法深度与非主流文化等不同维度来传递"山寨"的流变意义,以分别突出了其"模仿""假冒"与草根一族"自创、娱乐"的特征。然而,该类译法的最大缺陷就是缩小了"山寨"的内涵,译文读者很难获得与原文读者同样多元的审美经历,甚至可能会因为语境缺失而完全丧失与后者相似的审美努力与尝试,如"山寨品牌"(pirated brands)与"山寨诺贝尔奖"(unofficial Nobel Prize)。创译法主要是借用构词法规律或窜改手法来创造某些词典尚未收录的语汇,既有类属词汇(山寨机:mabile/mibole phone;山寨:faclone, fakelone,由 fake 与 clone 演变而来,作动词用)的创译,也有具体山寨人、事、物(山寨肯德基:KFG/CFC;山寨版诺基亚:Nokla/Nakia)的窜改译法。该译法既向我们打开了一扇传译新词新语之大门,但也同时揭开了滥用英语与侵犯知识产权的"潘多拉之盒"。借鉴法则通过对既有表达形式的借鉴或仿用来实现,但似乎都有"东施效颦"之嫌,如山寨版周杰伦:"a double of Jay Chou",虽出自"a (body) double of sb.",但"double"更多地指影视替身演员,这与以搞笑、娱乐、甚至出名、赚钱为目的模仿者(即山寨版明星,如山寨版刘翔、山寨版奥巴马)根本就不属于同一概念,还不如用"a look-alike of Jay Chou"(山寨版周杰伦)一词来翻译,尽管它同样不能很好地体现其中的文化内涵,但至少在纯语言层面上比较合理;又如,"山寨机"译为"a generic cell phone"显然是仿自"a generic drug",此处的"generic"指没有注册商标与品牌的商品,尤指没注册的药品，而“山寨机”都有模仿的品牌，而且不是药物。《21世纪报》则提出，“不同语境下的‘山寨’的翻译方法是不同的，对于单纯的仿冒即可用‘pseudo’（如山寨周杰伦），如是山寨版《红楼梦》之类的家庭作坊式产品，则宜采用‘self-made/home-made’这种译法，而‘unofficial’或‘unlicensed’则适用于手机等未获得合法牌照的山寨产品”①。众多不同版本的“山寨”现象译文恰恰体现了人们对于因语言模因②传播与意义流变而出现的“新语汇”或“新义项”在认知上的复杂性与理解上的不断深入。

从语义分析的角度来看，同一语域范畴的词语语义可能存在某种包含关系，即一个词（意义具体的受支配词）的词义包涵于另一个词（意义宽泛的支配词）词义中的层级语义关系，这种包含关系即上下义关系（John Lyons, 1981:155）。就“山寨现象”而言，山寨现象与山寨文化是最具宽泛意义的上义词或上义语汇，而山寨人、山寨物与山寨事则是较为具体的下义语汇。对于最具宽泛意义的山寨上义语汇，译文必须具有相当的统一性，并能体现作为语言模因的中国文化词的特性，“山寨”一词建议音译。譬如，山寨现象与山寨文化可分别译成“*shanzhai* phenomenon”与“*shanzhai* culture”，这样可较好地保留中国本土文化与语言的特点，输出语言文化特色。当然，也可视情况适加补充，如山寨文化可译为“*shanzhai* (culture), or clone/copycat/parody ... culture（例9—10）”，以避免文化误读与误解。

例9　Topics such as the worldwide financial crisis, ***shanzhai* or copycat culture**, materialism in modern society and the value of friendship have all been highlighted in this movie. (CRIENGLISH.

---

① 详见2009年4月22日*21st Century*第19版。

② 根据模因论的观点，任何通过模仿获得并加以传播的东西都可以算作模因（meme），我们人类社会不但随人的基因而自然进化，也随社会的模因而整体演化，传播发展着自身及其文化，详见参考文献：朱义华（2011:104）。

com, Jan. 7, 2009)

例 10 At this year's two sessions, a CPPCC member proposed that we take a strong stand against ***shanzhai* culture, or clone culture**. (*21st Century*, April 22, 2009)

而就"山寨"现象中较为具体的下义语汇而言,首次出现时宜采用音译与解释性意译相结合的方法,而在后续内容中则可视语境灵活运用"knock-off, copycat, self-made, unprofessional, parody, copy, cloned ..."来意译。例如,"山寨机"译成"knock-off cell phones"来体现其假冒性,"山寨版鸟巢"译成"a (self-made) model of the National Stadium"来体现其自造性,"山寨版刘翔"译成"a look-alike of Liu Xiang"来体现其相似形,"山寨版歌曲"译成"parodies of songs"来体现其仿拟性,如此等等。

由此可见,新词新语的外宣翻译可谓困难重重,译者必须有充足的知识准备与灵活的应对能力才能妥善地予以解决。在外宣翻译过程中,为了准确地翻译新词新语,译者必须首先对该新生词汇的本源意义、流变意义及其语法功能的拓展进行系统的调查、研究与分析,然后结合具体使用语境、语法功用与语义上下关系,同时吸收借鉴与国内外官方宣传媒体中译法的有利因素,甚至网络译文中的合理成分,并照顾境外受众的接受度来灵活地传译其内涵与外延。

第四节 基调积极性与正面性

对外宣传最终是为了树立中国的正面、积极国际形象,并为自身的发展争取和平、友好的社会环境。这一目标定位就决定了我们的外宣翻译与报道必须在整体上保持"以我为主,以积极、正面传播为主"的宣传基调,在修辞表达上既不夸大其词,以免给"中国威胁论"提供口实,又不妄自菲薄,让人觉得软弱可怜,留下"中国崩溃论”的错误印象，真正做到“有理、有利、有节”。

要体现出积极正面的基调，一方面要求外宣译员多阅读、多借鉴国外宣传媒体的翻译报道经验，在遣词造句上更多地选择褒义性，有益于国家、地区或行业、企业形象建构的表达来进行翻译，而应尽量少用“政治化、夸张化、绝对化、片面化”的表达形式。例如，汉语新闻报道中往往喜欢强调“社会主义”属性，作为对国家政体的内部宣传与国民教育来说无可厚非，但在外宣时往往会造成一定的困扰。譬如，前几年我们争取世界承认的全面“社会主义市场经济”地位。我们常按照中文原话将“社会主义市场经济”翻译为“socialist market economy”，殊不知西方人根本不了解何谓“socialist market economy”，尤其是我们往往还要突出其“中国特色”，在译文上还要加上“with distinctive Chinese characteristics”。西方人尽管熟悉他们的市场经济（market economy），但由于其意识形态、生活背景、教育背景等方面与我们不同，他们认为中国实施的是一种名为“socialist”的“特殊”市场经济，是一种有条件的市场经济。“既然中国自身都称自己实行的市场经济有条件限制，那怎么能要求西方承认中国实行的是‘全面’的市场经济呢？”（黄友义，2004:28）这种局面的出现主要是由于我们外宣工作不到位所致，当然也不排除西方世界人为歪解的可能性。

既然外宣工作中没法回避“社会主义市场经济”，我们又该如何对其进行正面的译介宣传呢？黄友义（2004:28）认为，“社会主义市场经济”的概念在我国是作为探讨怎样建设社会主义的一个理论性问题提出来的，主要是针对过去苏联式教条的社会主义模式和高度的计划经济而言的，有其特定的历史背景，具有明显的时代特色和中国特色，但其核心是“市场经济”。对于这种特殊历史时期提出的一个具有特定含义的词汇的奥妙，普通外国人是难以从本质上理解的。因此，他建议外宣翻译工作者应该从大局着眼，采取变通办法，更注重其核心内容的传达，从而译成“China's market economy”（中国的市场经济）或就是“market economy”（市场经济)。

在语言适用习惯上,汉语还喜欢采用一些夸张或比喻性说法来进行报道,如"中国的强势崛起""扶贫攻坚战""中国白衣军团"等。如果分别直译成"China's strong rise","poverty-relief battle"与"the Chinese white-coated army group",就完全忽略我国国情的信息误导与负面传达。在长期反社会主义思想的宣传下,西方资本主义国家对一个强大的社会主义中国的崛起(China's rise)已经很害怕了,如果再加上"strong",他们眼中的"中国威胁论"就变成了事实。而后两者可能会给外国读者留下中国好战的印象,从而加深对中国军队与国防建设的误解。因此,外宣译者应该去掉这些"中国特色"的夸张或比喻,尽量使用自然平实、语气缓和的表达来传递出正面、积极的形象,以上译文可建议改为"China's emergence/(rapid) development","poverty-relief campaign"和"the Chinese team of doctors and nurses"。

但从另一方面来看,由于外宣的政治目的性必然存在,外宣翻译工作者在参阅、借鉴国外外宣媒体报道语汇时应该有明确的甄别意识,绝不能稀里糊涂、毫无主见,尤其是在政治、意识形态宣传方面应擦亮眼睛,否则就有可能会在不知不觉中让西方意识形态牵着鼻子走,甚至在无形中成为敌对宣传势力的帮凶。例如,2005年美国《新闻周刊国际版》刊登了以"Does the Future Belong to China?"(Fareed Zakaria, 2005)为题的文章,对中国的迅速崛起发表了评论,其中部分内容是比较中肯,是可以借鉴的,如"将工作重心放在经济发展与现代化建设上来","不管白猫黑猫,能抓到老鼠的就是好猫",但有相当一部分内容带有明显的"美式"宣传色彩,认为中国的崛起对美国来说更多的是"挑战与威胁",尤其是对"十一届三中全会""邓小平同志身份""我国政府与现代化建设道路"等方面的报道与有关表述更是带有明显的意识形态色彩。具体详见下文:

例 11　They (China's economic reforms) were launched at a most **unlikely** gathering, the Third Plenum of the 11th Central Committee of the Communist Party of China, held in December 1978. Before the formal meetings, at a working-group session, the newly **empowered party boss**, Deng Xiaoping, gave a speech that turned out to be the most important one in modern Chinese history. He **urged that the regime** focus on development and modernization, and let facts—not ideology—guide its path. "It doesn't matter if it is a black cat or a white cat," Deng often said. "As long as it can catch mice, it's a good cat." Since then, China has done just that, pursued a modernization path that is **ruthlessly** pragmatic and non-ideological. (*Newsweek*, May 9, 2005)

外宣工作基调的积极正面性还要求译者具备良好的语言素养与跨文化交际素养,避免因表达传译不到位而引起的"反面"宣传效果。比如,我国很多食堂都有"文明用餐"的宣传口号,如果译成"To Have Meals Politely"恐怕会让外国受众笑掉大牙。在中国,一个就餐时讲文明的人至少包含了以下几层意思:有礼貌地排队就餐,就餐时注重餐桌礼仪,不大声谈笑,注重清洁卫生,不乱吐乱丢,不浪费粮食等,这就是一个有教养、有素质的人应有的行为,所以建议翻译为"To Dine with Civility"或"To Dine in a Civilized Manner"。再如,在中国经常会有"文明礼貌月"之类的活动,其中的"文明礼貌"若译为"Civilization and Politeness"恐怕国外读者会不知所云,而译为"Month of Civil Virtues"则可以基本传达我们意欲传递的信息。

必须指出,保持"以我为主,以积极、正面传播为主"的外宣基调与"报喜不报忧"的片面理解和做法并不等同,前者主要谈的是对外宣传的宏观战略问题,而后者则是关乎外宣翻译方法论的问题,同时还涉及一个对外宣传与报道的平衡问题,即"尊重事实、喜忧兼报”的问题。“以事实说话、以理服人”是我们党和国家从事外宣工作的一贯主张与原则，邓小平同志针对外宣工作就曾这样建议：切不可过分夸大自己的成就，且不可把我们的事情说得太美满了。说得太美满，看得太简单，这一点反映在我们的宣传工作上，就是把我们的国家描绘得如何漂亮，好像现在什么困难也没有了，剩下的就是享福了①。外宣翻译工作必须尊重客观事实，准确传达事物的两个方面，要尽量减少“官方腔”“政治腔”“宣传腔”与“口号腔”的翻译文风，这涉及外宣工作的方式方法。“我们的外宣工作中如果只注意介绍繁荣的一面，而忽视落后的一面，用一些自高自大、刺激外国人的语言，我们无意中就会树立很多对立面，国外受众会以为我们比较自负、自以为是，其作用与效果往往适得其反。”（赵启正，1998：4）因此，外宣译员在翻译时应尊重外宣事实的客观性，心怀外宣受众，通过语言、修辞方式的转换与思想、内容的灵活传达，避免“翻译腔”与“说教腔”，实现国外受众对外宣译文信息的最大化关联，将受众对外宣材料的理解负荷降至最低，确保受众有兴趣、有耐心、有收获地看下去，从而保证我们所期待的外宣效果能够落到实处。

第五节　中国民族性与特色性

中国的外宣翻译工作难免会碰到许多具有中国民族文化特色的事物，往往涉及文化空缺或概念空缺的情形，如何传神达意地对它们进行翻译与宣传报道，这是外宣翻译工作无法回避的一个现实问题。既保留我们的特色与文化属性，同时又让外国受众能理解、能接受，往往令广大外宣译员与国外读者“头大”，尤其是“数字 + 名词”的政治性表达结构，如“一个中心，两个基本点；三个代表；四项基本原则；五讲四美三热爱；八荣八耻；国十条……”。俗

① 参见新华社新闻所编著的《邓小平论新闻外宣》一书第 53 页，1998 年由新华出版社出版。

话说，越是民族的，就越是世界的，也就越有可能是外国受众感兴趣的，他们往往乐意引进并尝试接受具有浓厚中国味的新鲜事物，从而丰富其自身的指称世界与语言表达。因此，这种中国特色不应该被完全抹去，民族性的成分与因素也不宜完全归化。

在对外翻译中华民族文化特色事物时，一般可以大胆予以异化直译，以求保留译文的“洋气”与“洋味”，这与西方世界很多特色事物与概念传入我国的异化做法有着异曲同工之妙。比如，上文列举的“数字 + 名词”结构可以分别直译为：“One Central Task，Two Basic Points”，“Three Represents”，“Four Cardinal Principles”，“Eight Honors and Eight Disgraces”，“Ten State Measures”。又如，“一国两制”可译为“One Country，Two Systems”，“三讲”可译为“Three Emphases”，“三大法宝”可译为“Three Magic Weapons”，“三大纪律八项注意”可译为“Three Disciplines and Eight Cautions”。

改革开放以来，现代汉语中出现了大量政治类新词新语，其中有很多纯正中国味的译文已逐步被英美读者接受，如“纸老虎”（paper tiger）、“走狗”（running dogs）、“枪杆子里出政权”（Political power grows out of the barrel of a gun）等，这也从一个侧面论证了异化译法的可行性。当然，这些政治术语在外宣初期，尤其是第一次对外报道与翻译传播时，可能需要采用“解释性翻译”的方式来进行，以最大限度地激发外国受众对异域文化与语言文字的兴趣，同时减轻其理解负担，为传播效果的达成营造条件。例如，前面提的“三讲”可译为“Three Emphases（on Study，Political Awareness and Integrity）”，“三大法宝”可译为“Three Magic Weapons（i. e. united front of patriots，armed struggle and party building）”。

任何国家都有自己含义独特、特色明显的用语，除了政治性语汇外，还有文化、历史、习俗、经济、生活等诸多方面的民族性表达，而且随着网络、科技的向前发展与经济、社会的不断推进，其数量正呈现出迅猛增长之势态。这是因为各国的政治制度、经济发展模式、意识形态、价值观念、历史文化背景、生活方式与经济发展水平各不相同，表达方式自然千差万别。要翻译好这些独一无二的文化词、民族词与特色词来达到其原有的传播效果，就必须先了解这类语汇与表达的内涵与外延，然后尝试在译入语中找到语言、文化与认知上与原文关联最大的词汇来灵活翻译，既保留一定中国特色与中国味道，同时也照顾外国受众的接受习惯，从而确保对外宣传取得应有效果。比如，“剩男剩女”可译为“left-over singles”或“adult singles”来表达“被剩下来，单身未婚”之意；“蜗婚”可译为“living together apart”来传递“夫妻双方已离婚，但出于同情、照顾家人感受或经济上的原因而被迫暂时生活在同一屋檐下”之意；“‘上有老、下有小’或‘高不成、低不就’的夹心层”如译为“the sandwich generation”，则通过“三明治”很形象地体现了“夹心层”的含义。“老龄潮”译为“the gray wave”可通过“the gray-haired”来泛指老龄人一说很委婉地传递出了原文的意义；“老夫少妻”译为“a winter-spring marriage”的译法同样很形象，借万物沉寂的冬天与万物复苏的春天表明夫妻双方一方已风烛残年，而另一方则正值青春；而“房奴”译为“a mortgage slave”、“经济适用男”译为“a budget husband”、“富二代”译为“the second-generation rich”、“伪娘”译为“a cross dresser”、“咆哮体”译为“the roaring writing style”与“裸官”译为“family-and-assets-abroad officials”（孟祥春，2009：74—78）均不拘泥原文的表达形式或表层意义，主要采用增减译法，并赋予一定程度的创新，颇为准确地传递出了原文的深层含义。

有时，保持中国特色与兼顾读者接受很难做到，如“裸婚”一词的翻译就是如此。“裸婚”是指“无车无房无钻戒，不办婚礼不蜜月”，花几块最多几十块钱去民政部门登记处办理一张结婚证，其他都可以不要的婚姻形式。它是当下流行在80后的情侣中，为了证明爱情高于物质的一种结婚方式，只要表明彼此相爱，且这种结合得到法律上的正式承认即可。要得到法律上的认可，就必须去民政府部门办理婚姻登记手续。所以,综合考量各种因素,姑且将“裸婚”译为“Love-and-Registry-only Marriage”。由此可见,具有民族特色的汉语表达是外宣译介的一大难题所在,译者既要吃透原文,又要精选译文,既要照顾原语文化特色,又要迎合译语读者认知。难怪冯庆华(2008:1)如此说:“如果把写作比成自由舞蹈,翻译就是戴着手铐脚镣在跳舞,而且还要跳得优美。”

这些对国外受众来说具有中国“洋气与洋味”的译文大致可归入一个统一的范畴,那就是“中国英语”(China English),而不是洋泾浜式的英语。李文中(1993)认为,“中国英语”是指同英国英语和美国英语一样的一种国别变体(variety),它不同于“中式英语”或“中国式英语”(Chinglish),它是以规范英语为核心,表达中国社会文化诸多领域特有事物,不受母语干扰,通过音译、译借及语义再生诸手段进入英语交际而具有中国特点的词汇、句式和语篇。其他学者,如汪榕培(1991)、杜争鸣(1998)、杜瑞清和姜亚军(2001)、姜亚军和杜瑞清(2003)等也持类似的观点,他们认为“中国英语”是一种客观存在,是用来表达中华民俗文化中特有事物特色的、一种在中国本土化的英语变体。它们是外宣工作中中国语言文化、思维特点与民族性的重要体现,在翻译中如果运用得当,将会有助于提高受众对中国文化特色、语言文字的关注与兴趣,为提升外宣效果创造有利条件。

从操作层面来分析,中国民族性与特色性具体体现在语言文字、修辞方式与句式结构的运用上,外宣翻译过程中将这些中国特色进行异化传播毫无疑问将在无声无息中强化我国的对外宣传,在长期的潜移默化中逐步实现我国对外宣传工作意欲达到的效果。因此,外宣翻译中所体现的民族性、特色性保留本身就是外宣工作内容的一项重要内容,外宣译员需要具有这样的认识高度与能力才能更好地实现我国对外宣传工作的“软着陆”。

第四章　外宣翻译之政治维度与构成

作为对外宣传的载体与途径，外宣翻译主要是指以语言符号为工具来介绍、报道、宣传某国“人、事、物”的跨地域、跨语言、跨文化交际传播活动，“是以完成那些对外宣传材料的翻译任务为基本内容的翻译实践活动的总称”（胡兴文、张健，2013：101）。在我国，外宣翻译的主要任务是将中文译成英文，或者是其他外语语种，向世界传播来自中国的声音。一方面，外宣翻译具有一般意义上的翻译特点，即一种语言转换行为与以语言为载体的思想传达与交际活动。由于“世界上任何一种语言都不是中立的，翻译行为也不可能是真正客观和中立的，而是一种包含意识形态与权力运作的政治行为”（Alvarez & Vidal，2007：1－9），外宣翻译也不例外。而从另一方面来看，政府主导的外宣翻译是一种国家传播行为，是一种用外语进行“再创造”的国际传播与政治实践活动，突出对外宣传效果的落实、国家利益的维护与政治目标的达成。从这种意义上来说，外宣翻译则带有明显的政治色彩。可以说，政治性是一个国家外宣翻译工作乃至整个外事工作最突出的特征。

从翻译学属性来看，外宣翻译首先是一种翻译，而“翻译的价值，包括你所选择的外语文本的价值和你所选用的或你所‘创造’的翻译（话语）策略的价值，都是以它们服务政治需要的价值来决定的”（申连云，2016：84）。在对外宣工作中，传播主体通过外宣译者对外宣文本与话语的翻译与外界沟通，实现某种对话与交流。同所有翻译一样，外宣翻译必须依靠语言来实现这种对话性，进而传达外宣思想，营造良好舆论环境。“语言既有可能成为政治行为本身，又有可能成为政治权力本身"（孙玉华、彭文钊、刘宏，2015：1），离不开语言使用与转换的外宣翻译自然也就带有一定的政治性。而从传播学属性来看，外宣翻译又是一种政治驱动的对外传播形式，它需要通过信息的翻译与传播来传播主体的行为和形象得以理解与认同，从而实现其思想意识形态、文化价值观念的传播与权势关系的动态维系。因而在外宣翻译的对话机制中，既应强调作者或传播主体和译文读者在对话协商中的作用，也要考虑对话中权势关系的动态性，兼顾有效交际和文化传播两个方面（谭业升，2009：105）。

在我国，外宣翻译是党和国家外宣机关主导下的有意识的对外传播行为，主要职责是对我国政治、经济、文化、社会生活等的方方面面进行译介输出与宣传报道，在向世界说明中国的同时也承载着文化软实力提升与国家形象外建构、宣传政治主张与文化价值输出的传播任务与政治责任，自然脱离不开与各种政治性因素的关联，且不可避免地涉及多个政治性维度的应对意识。在对外传播与翻译实践中，这种政治性意识主要体现在政治方向性、政治目的性、政治敏感性与政治准确性四个维度，下文拟一一进行阐述。

第一节　外宣翻译的政治方向性

国家主导的外宣翻译总会于有意无意间、或直接或间接地表达并宣传某种意识形态与价值观念、维护某种利益关切与权利诉求、营造某种政治氛围与舆论影响、实现某种政治影响与目的追求。因此，外宣翻译就相应地呈现出特定的政治方向性，即确保传播主体国利益的最大化。在我国现阶段，外宣翻译的方向性表现为社会主义中国对外宣传工作的鲜明党性。我们的对外宣传与翻译工作是党和国家营造国际友善舆论与开展对外宣传的方式，必须符合、服从党当前的政策与主张，符合、服从国家的工作大局，符合、服从社会主义、爱国主义的基本方向与立场，这就是我国外宣翻译工作政治方向性的意义与内涵所在。

外宣翻译材料为正式对外传播语篇，或隐或现地承载着特定社会的主流意识形态，影响并改变着人们的思维、态度、观念和意识的形成。因而，在翻译过程中译者不是单纯求助于语言层面的操作来解决政治与文化的对抗问题，而必须更多考虑政治、文化等诸言外因素的作用，且自身意识也必须有政治上的主体性介入。比如，中国"南海"既不能简单字面对应译成指称不明的"South Sea"（世界上很多水域的名称），也绝不承认更不容忍菲律宾政府非法篡夺主权的所谓"西菲律宾海"（West Philippine Sea）之名，而应翻译成"South China Sea"来宣示国家主权。这不仅反映了译者个人的政治立场与政治责任感，还关系到国家主权利益的维护与国际形象的建构。难怪勒菲弗尔说："若语言学的考虑与意识形态和/或诗学性质的考虑发生冲突时，总是意识形态和/或诗学胜出"（Lefevere，2004：39）。根据勒菲弗尔的观点，翻译就是对原语文本的改写，而改写即操纵，并为权力服务。翻译中这种为权力服务的操控往往超越了语言文字转换层面与传统意义上的语义忠实观，体现为"译者接受意识形态、权力关系、赞助者、诗学因素等的影响而对原文的主观改写"（王宏，2011：84），而在翻译实践中它往往表现为"变译"（黄忠廉，2002a：66—68）策略的灵活运用。

政治方向上的操控既有其合理性的一面，也有其不利的一面。就其合理性而言，外宣译者对原文的合理改写与操控是出于国家利益与统治阶级意识形态维护的政治需要。比如，缅甸国名英译的改写就是属于此种类型。约 50 年前缅甸军方通过军事政变攫取了国家政权，他们不满英国殖民统治时期所创的国名"Burma"，出于国内统治与对外宣示主权的需要，于 1989 年将国名改译为贴近缅甸语发音且意义更为中性的"Myanmar"。这是因为语言的使用反映了身份的选择，身份反过来也制约着语言的使用，身份建构的过程不可避免地带有浓厚的政治性（黎熙元，2005：199）。外宣语言上的操控对任何国家来说都是正当合理的诉求，我国在香港回归之后的“两文（汉文、英文）三语（英语、粤语、普通话）”政策就是典型一例。这种政治参与有利于建构象征统一主权的“中国性”，维护整个中华民族的利益，同时减少以英语为载体的外国意识形态的渗透概率，确保了我国对外宣传工作的政治方向与国家性质。

而就其不利的方面来看，如果外宣译文完全无视“三贴近”①原则，即“贴近本国发展的实际、贴近国外受众对本国信息的需求、贴近国外受众的思维习惯”（黄友义，2004：27），而像内宣材料一样带有明显的政治色彩，即带上我们通常所说的“政治腔”“官话腔”“领导腔”“宣传腔”，倘若再加上由于翻译不到位而导致的“翻译腔”的话，这样的外宣译文就完全脱离了受众的接受习惯，是唤不起读者兴趣，激不起受众共鸣的。比如，外国人很难将“a scientific outlook on development”的所指与“科学发展观”相联系，因为他们用通常用“scientific”来指代与自然科学相关的领域，且使用“outlook”一词更多涉及的是宗教与信仰问题，作为不同人生观与世界观的对照。因此，西方读者不太理解是显而易见的。“科学发展观”是以胡锦涛同志为总书记的党中央高举中国特色社会主义伟大旗帜、以邓小平理论和“三个代表”重要思想为指导、立足社会主义初级阶段基本国情、总结中国发展实践、借鉴国外发展经验、适应中国发展要求而提出的重大战略思想，其核心是“坚持以人为本，树立全面、协调、可持续的发展观，促进经济社会和人的全面发展”，因此“科学发展观”实际上是一种“all-round, balanced and sustainable development”，或简言之，就是一种“rational development”（理性发展）。这样的外宣译文可能更容易被理解、

---

① “三贴近”原则最初是由时任中共中央政治局常委的李长春同志在2004年4月召开的中央对外宣传工作会议的发言中所提出，为新时期“向世界说明中国、让世界了解中国、让中国走向世界、让世界走近中国”的外宣工作提供了思想方法论上的指导，后被中国外文局副局长、中国翻译协会副会长黄友义先生借用来作为指导外宣翻译工作的整体性原则。

被接受、被认同。

再如,“建设”两字常出现在我国的大政方针之中,比如,“社会主义道德建设、全面建设小康社会、加快现代化建设步伐、社会主义法制建设”等,在外宣翻译时不是机械搬用“build”或“construct”及其曲折变化形式就能解决的问题,而要深层次地分析不同语境下“建设”一词的具体功用与政治含义。在汉语中,一词多义现象较英语有过之而无不及的倾向,甚至很多实义词在特定情境下也可充当着虚词的角色,仅仅只是起一个补全音节的作用,而无实质性意义。上文提到的“建设”一词就是如此,在外宣译介时不能一言以蔽之“build”或“construct”,而应具体问题具体分析。“社会主义道德建设”中的“建设”应该理解为“提高道德水准”之意,故可以翻译为“improve socialist morality”;“全面建设小康社会”中的“建设”使用的是该词语的本义,因而可译为“build a well-off society in an all-round way”;“加快现代化建设步伐”中的“建设”则主要发挥补全音节的作用,所以可以采用删减法将其翻译为“quicken the pace of modernization”;而“社会主义法制建设”中的“建设”实际上是“不断改进法律制度以强化法律制度威严”的意义,可以翻译为“improve or strengthen the socialist legal system”。因此,为了清晰地向世界讲述中国故事与中国事物,为了更好地确保外宣翻译服务党和国家的政治方向,外宣译者既要做到胸怀国家,又要做到放眼世界,翻译不带“腔”,具体问题具体分析。

第二节　外宣翻译的政治目的性

外宣翻译信息的接受对象主要是国外受众,是信息传播国或其代表机构与个人的主动信息输出活动,由此就决定了维护和捍卫国家利益是对外宣传与翻译的出发点与最终目的。所谓国家利益,就是满足或能够满足国家以生存发展为基础的各方面的需要,并且对国家在整体上具有好处的事物，包括国家安全利益、国家经济利益和国家政治利益（何国平，2009：120）。从某种意义上来说，任何国家的对外宣传和翻译传播活动实际上都是坚持本国所持政治立场与方向、服务于本国利益与形象建构的表现行为与传播活动（朱义华，2013：96），因此其政治目的性非常明确。外宣翻译中的国家利益维度往往集中表现为国家利益至上原则，它是任何国家对外开展国际交往与对外交流的通行准则，也已成为外宣从业人员的行动自觉。

国家利益至上原则是外宣翻译政治性原则中国家利益维度的集中体现，要求我们在对外宣传与翻译报道中坚持用我方所用语言文字或称谓来指代我国特有事物，切实维护国家主权与民族利益。这是因为“话语是掌握这个世界的关键，它直接牵涉着知识，而更为隐蔽地牵涉着权力，话语体现出来的实际上就是权力，或者说话语的实质就是权力”（Foucault，1984：120）。因此，在外宣翻译与报道中，外宣译员需要时刻关注语言运用与话语权问题。比如，我们在对外宣传中印争议领土“藏南地区”①时应将其音译为“Zangnan Area”或直译为“South Tibet Area”来达到宣示我国对此地区主权的目的，绝不能译成印度惯用的“Arunachal Pradesh”（阿鲁纳恰尔邦或阿鲁纳查尔邦），因为它是英国对印度实施殖民时期的英文旧称，象征了英印的版图或者说独立后的印度版图概念，这是与客观事实严重相悖。印度政府在其对外宣传与报道中出于一己私利一直延续使用英印时期的称谓，既打破了“名从主人”的国际惯例，也给自己从英国殖民统治中完全独立出来打了一记耳光，其肆意篡改采用英译名之举实乃“一种利用对外宣传工具而实施的政治性阴谋与侵略行为，是该政府非法染指中国国家利益的一种带有明确目的性的政治操控与暴力行径”（朱义华，2016：18—19）。

---

① 藏南地区的中印边界东段，印度以非法的“麦克马洪线”占领该区，而其主权实则完全属于中国。

利用自身称谓来表达国家主权、增强话语权以实现外宣翻译政治等效的做法俨然已成表达政治目的的国际惯例，而违背这一惯例则被认为是有损国家利益之举。比如，伊朗与海湾阿拉伯国家在波斯湾(Persian Gulf)英文译名问题上的对立立场，尤其是2012年5月伊朗就美国谷歌公司在地图上漏标波斯湾而提出诉讼一事就是很好的佐证。阿拉伯国家坚持该海湾应当称作“阿拉伯湾”(Arabian Gulf)，而非“波斯湾”(Persian Gulf)，与阿拉伯国家有着直接利益关系且敌视伊朗的美国及其所属的谷歌公司自然不会迎合其“敌对势力”伊朗的政治目的与国家利益。而伊朗政府则坚持称之为“波斯湾”，并认为谷歌漏标该海湾的做法是受美国政府指使的有意行为，极大地损害了伊朗的领土主权与国家利益。这场关于海湾称谓的争斗不但反映出阿拉伯人与波斯人在本地区从历史上一直延续至今的角逐，从中还可看出其名称坚持背后国际政治大国跨区域政治目的与强权政治的影子。

国家利益至上的政治目的性也同样很好地解释了为何俄日在争议岛屿问题上俄罗斯官方坚持称之为“南千岛群岛(包含俄语中的库纳施尔岛、伊图鲁普岛、施科坦岛、赫巴马伊群岛)”而日本政府则称为“北方领土”或“北方四岛”，即日语中所称的“国后岛、择捉岛、色丹岛、齿舞群岛”之缘由。他们之间在对外宣传报道岛屿问题上的语言博弈恰恰是外宣翻译中的政治性因素在发挥作用的结果。因此，我们可从中得到这样的启示，在对外宣传与翻译报道中我国要坚持用中方称谓与汉语拼音名称来表达政治诉求，以增强话语权，维护国家主权与民族利益。

第三节 外宣翻译的政治敏感性

政治敏感性是外宣人员的必备素质。在对外宣传工作中，译者难免会碰到一些限制其主体性发挥的政治敏感性话题，如国家主权、领土完整、意识形态、人权保障、外交礼仪、宗教习俗等，译者对此必须保持高度政治敏感性。因为这些话题往往限制译者的创造性与主体性发挥，一旦处理不当，就可能招致政治误解、外交纠纷、国际争端甚至是战争。

首先，政治敏感性维度首先体现在对我国领土主权、社会制度、阶级立场与民族权益的坚定立场与切实维护。比如，我们常说的"中国大陆"在外宣译介时就属于涉及"一个中国"立场的政治敏感性话题，它与"欧洲大陆"的纯地理概念不可同日而语。如果在对外宣传时，模仿"欧洲大陆"之英文形式"Mainland Europe"，将其翻译为"Mainland China"，就可能造成"两个中国、一中一台"的错误解读，让人误以为"在大陆性的中国以外还有一个海外性的中国"。而"欧洲大陆"之所以能翻译为"Mainland Europe"是因为欧洲从地理上来说确实存在一个大陆性的欧洲（东欧、中欧与南欧的大部分地区）与一个在海外性的欧洲（北欧与西欧的大部分地区）。而事实上，海峡两岸只有一个中国，这是关系到整个中华民族主权利益的大事，不能含糊。因而"中国大陆"的翻译就不是纯粹的地理概念，而应考虑到其背后的政治潜势，外宣译者应该敏锐地注意到这一点，并在翻译时采用诸如"China's mainland, the Chinese mainland or the mainland of China"等形式来规避其中可能导致的政治误读。

其次，外宣翻译工作的政治敏感性还要求译者对外交外事语汇的使用时刻保持高度警惕，做到语言上的准确流畅、口吻上的轻重一致、政治上的效果等同。比如，2014年习近平主席出访澳大利亚，在澳联邦议会演讲中他表示："中国需要和平。中国最需要和谐稳定的国内环境与和平安宁的国际环境，任何动荡和战争都不符合中国人民的根本利益。中国虽然是个大块头，但两千多年前中国的先人就认识到'国虽大，好战必亡'的道理"。在翻译"国虽大，好战必亡"时，外宣译员必须首先敏感地捕捉到"词序"带来的政治意义。若以汉语语序将"国虽大"放在前面翻译，容易让外国读者忽略习主席讲话的重点，让"中国威胁论"者抓住辫子（李美涵、段成,2015:103)。因此需要敏感调整词序,将其翻译为"A war-like state, however big it may be, will eventually fall",避免不必要的外交麻烦。又如,在标志着中国抗日战争全面爆发的卢沟桥事变中,日本当年攻打卢沟桥的借口是进城搜索失踪士兵,这里的"借口"就不宜译成"excuse"(解释性理由),而必须译为"pretext"(完全虚构的托词),因为前者是站在作为殖民统治者的立场来试图美化其侵略行径,而后者则是从被殖民者的视角来揭露殖民者无事生非、实施侵略的暴行。不难看出,外宣翻译的政治性考量一直存在于国家与国家之间的外交、外事活动之中,也存在于殖民国与被殖民国的对抗与宣传之中。从这种意义上来说,外宣翻译的政治性既可体现为一个国家外交史、一个民族发展史的客观记录,又可体现为一部对外殖民史、一部民族独立史的政治书写。

再次,外宣翻译的政治敏感性还体现在国际事务与外交活动的有礼有节方面,外宣译员应平等而敏感地看待本国与他国的利益关切与政治诉求,不因政治敏感性的迟钝或缺失招致翻译的"政治失真"或"政治扭曲"。国家层面的外宣翻译最终是为外事、外交事务服务的,因此译员必须保持高度敏感,仔细谨慎,避免犯外交常识性、礼仪性甚至政治性错误,谨防政治风险的出现或事故纠纷的发生。比如,中美两国处理国家事务的最高行政机关虽然在汉语中都叫"国务院",但英文表达则明显不同,美国国务院是"the Department of State",而中国的则是"the State Council",其相应领导人在美国称国务卿(secretary of state)与副国务卿(under-secretary of state),在中国则是总理(premier)与副总理(vice premier),而总理在德国与奥地利等国则用"chancellor"表示,我们在翻译时应注意名随主便,照顾输出者与受众的感受。因此为了对外介绍我国"国家主席"一职,我们采用了西方国家民主政体中常用的"president"一词,而没有把它译成"Chairman",因为后者是指我国的人大常务委员会委员长或政协主席。

最后,在外宣翻译中,政治敏感性还体现在语言对细节的把控上。“即便是一般的国名或地名的英语表达,也须谨慎行事、小心翼翼才行——特别是冠词,马虎不得。”(张健,2010:413—414)比如,海牙不是“Hague”,而是“**the** Hague”;刚果则必须译成“**the** Congo”而不是“Congo”,荷兰要么译成“Holland”,要么则译成“**the** Netherlands”,而不能简单地译成“Netherlands”,联合国要么用缩写成“UN”,要么用“**the** United Nations”。有时一个小小的冠词也会带来重大的政治争端。(杨明星,2008:94)比如,1967 年 11 月,联合国为了解决阿以冲突,通过了要求以色列从“占领地区”(Occupied Territories)撤军的 242 号决议,但由于该英语词组前没有定冠词“the”,阿以双方对决议的执行有着不同的理解,以色列只答应从一部分占领地区撤军,而阿拉伯方面则要求以方从所有占领地区撤军。从此以后,阿以之间长期陷入“定冠词之争”。

此外,随着历史的推移与时局的变化,有些国家、国际组织与机构在名称的翻译上也有或多或少的变化,也要求外宣译者敏锐地跟踪国际时局的演变。例如,乌克兰作为苏联领土的一部分译为“the Ukraine”,但苏联解体后,乌克兰成为独立国家,改称为“Ukraine”;现在的联合国(the United Nations)以前称为国际联盟(League of Nations),而以前的关贸总协定(GATT)则演变成了现在的世界贸易组织(WTO)。与此同时,外宣译员对字母的大小写也应特别敏感,否则有可能出现政治歧义与争端(朱义华,2012:98)。例如,以前的“金砖四国”(BRICs)由于有了南非共和国的加入变成了由五国组成的“金砖国家”(BRICS),其中最后一个字母由原来复数形式的小写“s”变成了现在替代南非的大写字母“S”。可以说,政治敏锐性往往以小见大,也可能因小失大,外宣译员应以高度的政治敏锐度与政治责任感才能把捏好外事外交翻译的分寸,做到不卑不亢、有礼有节、不辱使命。

第四节 外宣翻译的政治准确性

外宣翻译的政治准确性，是指外宣译员对政治话题、政治术语与政治文本的内容要进行清楚、到位的传达，绝不能乱译、错译、胡译。这不仅与外宣翻译者个人水平与能力相关，更是涉及政治立场与政治责任感的问题，因此要求外宣译员认真对翻译的准确性进行审查。

首先，政治准确性要求外宣译员对涉及国家主权、领土完整与特定政治、文化体制下的话题与表达仔细推敲，慎之又慎，切不可走样。我国当代著名外交翻译家过家鼎（2002：59）指出，在外事翻译中必须注意准确表达我国的政治立场与政治观点。例如，“不忘初心”只有翻译为“stay true to our mission”，“reaffirm our commitment”或“never forget why we started”才能充分体现这一中国特色表达的政治内涵，而不能翻译为看似对应实则相距甚远的“never forget our original aspirations”，因为“original”意为“最初的，当初的”，可能只存在于过去，但现在没有延续，而“aspirations”所指的“理想抱负”可能非常远大宏伟，但是难以实现。又如，针对台湾少数分裂分子的行为，我国制定出台了《反分裂国家法》，在对外宣传时我们将其翻译为“Anti-Secession Law of the People's Republic of China”，其中的“分裂”一词译为“secession”而没有用“separation”（分离）一词。这是因为“separation”常指民族分离，这是分裂国家的最普遍形式，但在政治分寸与程度把握上不如前者“secession”到位，再加之“secession”在美国特指1861年南方11个州脱离联邦的叛国行为，用“secession”来指称少数台独势力的叛国行径很容易让外国读者，尤其是美国读者产生政治联想，从而更好表达“分裂”的政治内涵。因此，外宣翻译中的政治准确性不再是翻译到不到位、语言优不优美的技巧性问题，而是触及个人立场、国家主权与民族尊严的严肃的政治问题，绝不能含糊。

其次，政治准确性维度要求外宣翻译者同样注意尊重他国主权，绝不能疏忽大意，招来外事纠纷或政治麻烦。比如，著名的外交口译专家施燕华（2007：58）就曾举例说明政治准确性原则的重要性：某友好邻国发生军事政变，我外交部发言人针对此事的发言中有"中国对……局势十分关注，正在进一步了解事态的发展"一句，被口译员现场译为"China is very much concerned about the developments in ... and is watching closely for further information"。该国在知情后随即就向我国外交部交涉，强调军事政变是其内政，中国不得干涉。原来问题出在"is very much concerned about"与"watch closely"上。一般说来，它们更适合用于表述与自身利益直接相关的场合，而不适合表述对他人利益的关切，故被人误解就在所难免。根据原文的背景，该发言人的话语大致可准确译为"China has been informed of and is now following closely what is happening in ..."。由此可见，外宣译员的政治准确性既要求遣词造句明确精准，同时也要求政治含义把握到位。只有这样，才能更好地本着"相互尊重、和平共处"的原则来开展国际交往，树立我国在国际社会负责任的大国形象。

此外，政治准确性还要求外宣译者在理解外宣话语的基础上通过翻译给外国受众准确解释外宣信息内容，避免因中外文化、语言差异导致交流不畅甚至产生误解误读。比如，中美《八·一七公报》中的第二条，"美国向台湾出售武器的问题在两国谈判建交的过程中没有得到解决。双方的立场不一致，中方声明在正常化以后将再次提出这个问题。"其中，"两国谈判建交的过程中"，译者或容易受中文思维影响，译"谈判"为"the negotiation of"，然而历史上，两国就建交问题付出了艰苦卓绝的努力，进行了多轮谈判（吴迪龙、胡健，2017：75）。因此，英文公报使用了"谈判"的复数形式说明实情：The question of United States arms sales to Taiwan was not settled in the course of **negotiations** between the two countries on establishing diplomatic relations。再如，在一次记者招待会上，一位外国记者提问时说:“我来自一个小国家……”,当时被提问的时任外交部部长李肇星用唐代文学家刘禹锡《陋室铭》中的名句“山不在高,有仙则名”来回答。在场的口译员翻译为“A mountain is famous not because of its height”,李部长接着用英语补充了一句,“Countries, big or small, are all equal(国家不在大小,一律平等)”。很显然,译员的译文不能很好地传达李部长的用意,起不到“中国对待所有国家一视同仁”的传达效果。因此,外宣译员须保持高度的政治责任感与应变能力,深入领会原文精神与主旨,注重语言运用的细微差别与使用场合,合理做出解释与补充,在切实维护好本国利益的同时传递出我们对他国的尊重与包容,从而更好地宣传我们的大国气度。

翻译从来都不是在真空中进行的,正如勒菲弗尔所说,翻译始终受政治权力、意识形态、主流诗学以及赞助人等诸多因素或隐或显的操控(Lefevere,2004:14-27)。而外宣翻译的“对外性”则更加突显了翻译与政治的关系,因为它一方面担负着信息共享的社会功能,而另一方面则承担着价值传播的政治任务,所以更加突出输出信息的受众接受与言行影响,突出国家形象的建构、话语权的增强、影响力的提升与国际关系的维系。因此,外宣译员应不断提高工作中的政治觉悟与政治意识,这不仅是对外宣传与报道工作政治性、方向性的重要保障,也是对外宣传与报道工作成效性、可接受性的满足前提。从政治方向性、政治目的性、政治敏感性、政治准确性等维度剖析外宣翻译的政治性既有利于发掘隐藏在外宣工作中国家利益、意识形态、政治权力与国家机器的运作及其对翻译的影响,也有利于我们淡化政治色彩、强化政治意识来把握政治力度、提高外宣效果。

第五章　外宣翻译之政治暴力与影响

外宣翻译之政治暴力与影响是“翻译暴力说”在外宣翻译领域的延伸与拓展。“翻译暴力说”在国内外学术界由来已久。早在19世纪，雨果（Victor Hugo，1865：18）就曾指出翻译在接受国往往被视为暴力行为，后来韦努蒂（Lawrence Venuti，2004）在其名作《译者的隐形》一书提及了“本族中心主义的归化翻译暴力”一说，而尼达姆（Anuradha Needham，1996：3 – 15）则从广义上将翻译定义为一种暴力形式。而且，“翻译暴力”正在逐步定型化、术语化。正如学者张景华（2015：65—72）指出的那样，“翻译暴力”说不但有其充分的学理依据，还有着深厚的术语渊源，在当今学术语境下，其术语化反映了全球化语境下文化思想交流的地缘政治和时代特征，有利于拓展翻译研究的视野与领域。

外宣翻译，尤其是国家层面上的外宣翻译，是国家意志在全球化语境背景下的输出与地缘政治的国际传播形式，它本身已不再是单纯意义上的翻译实践活动，而是一种注重传播效果的对外传播形式。这其中所体现的文本操控与调适、修辞运用与把捏、文化干预与入侵、意识传播与渗透等隐性与显性政治暴力因素不言而喻，只是有时比较含蓄、微妙，有时则比较明显、剧烈。正因为如此，国家层面的外宣翻译在国际公共关系中常常表现为一种灌输性宣传、一种意图性侵略与一种暴力性对抗，呈现出政治暴力的倾向性，而非单纯的信息传播与交流共享。可以说，外宣翻译的政治性暴力是“翻译暴力说”在对外宣传与翻译报道领域的具体表现，这种政治暴力在对外宣传工作中既可表现为一种比较温和的政治性影响，也可能体现为更为剧烈的政治对抗与政治侵略。根据其表现形式与剧烈程度，外宣翻译的政治性暴力主要涉及政治宣传性、政治操控性、政治对抗性、政治殖民性等维度。下文拟对此进行一一探讨。

第一节　外宣翻译的政治宣传性

作为国家对外维护主权利益、建构国家形象，统治阶级对外宣传政治主张、提升政治话语权的手段，外宣翻译于有形或无形中受政治权力、社会关系、意识形态、主流诗学以及赞助人等诸多因素的操控，同时也在或隐或显地对外宣传着一种政治制度、一套政治理念与一些政治主张。"宣传报道工作，归根结底，就是要宣传一种思想。我们可以在文章中不提意识形态、国家制度等问题，但总归是宣传社会主义思想"(沈苏儒，2009:7)，同样其他国家的对外宣传报道也是在宣传该国的主流意识形态、价值观思想与政治目的。正如美国政治学家、现代西方传播学先驱之一的拉斯韦尔(Harold Lasswell，1946)所说，"地球上的每个国家，不论是专制或民主政体，也不论是战时或平时，都需要依靠宣传——在不同程度上与战略、外交和经济有效地进行协调——来实现它的目标"。而二战中盟军总司令艾森豪威尔将军的名言"在宣传上使用一美元，等于在国防上使用五美元"则更加彰显了宣传与外宣翻译的重要性。外宣翻译往往呈现出很强的信息输出性，带有宣传、灌输与劝服的目的，集中体现为原语传播主体的主流意识形态、文化价值观念与政治目标任务的传播。(朱义华，2013:110)这种宣传性属于外宣翻译工作政治暴力性的温和表现。

政治宣传性，不管是开门见山式的，还是潜移默化式的，都是对外宣传与翻译报道工作所扮演的主要角色，也是切实维护宣传国的政治立场与根本利益并体现作为国家意志的统治阶级主张的必要手段。比如，2012 年 7 月，我国为了加大岛礁海域的保护力度，震慑南海周边国家觊觎我国南海海域的不良企图，在海南省专门设立了三沙市，以更好地加强国家对南沙群岛、中沙群岛与西沙群岛等岛屿的管理，维护国家主权和权益。三沙市英译名称定为“Sansha City”，那么我们在对外宣传报道南沙群岛、西沙群岛与中沙群岛时，它们的英译名就不适宜采用“Spratly Islands”（斯普拉特利群岛），“Paracel Islands”（帕拉塞尔群岛）与“Macclesfield Bank”（马科斯菲尔德沙洲），而应译为“the Nansha Islands”，“the Xisha Islands”与“the Zhongsha Islands”，既体现三沙市一名的渊源由来，更体现了我国对自身主权领土的“命名处置权”（朱义华，2012：96），对外宣示了这些岛屿主权的明确归属。诚然，为了照顾广大英文读者的需要，我们在对外译介宣传时也可适当变通。比如，“中沙群岛”在外宣报道中时第一次出现可译为“the Zhongsha Islands, known as the Macclesfield Bank in the West”（中沙群岛，即西方熟知的马科斯菲尔德沙洲），以使西方读者迅速了解我们的宣传对象，增强其认同感与认知效果，也有利于我们抓住机遇，主动建构汉语话语权。

同理，中国西南边境的怒江不能简单翻译为“Salween”（萨尔温江），而应为“Nujiang River”或“Nujiang River, the upper reach of Salween in China”（怒江，即萨尔温江在中国境内的上游部分），否则外国人会以为在中国境内的“怒江”变成了缅甸的“萨尔温江”。尽管在自然地理上两者是指同一条江，但分属两个不同的国家，有着不同的名称，如果直接用“Salween”而不做任何解释的话，可能导致国际社会误以为我国在抢夺属于缅甸主权范围的“萨尔温江”，这显然不合事实。因而，只有掌控好外宣翻译与报道的方式方法，才能更好地讲好中国故事、传播好中国声音、阐释好中国特色。

第二节　外宣翻译的政治操控性

国家层面的外宣翻译文本或语篇承载着特定社会的主流意识形态，影响并控制着人们的思维、态度、观念和意识的形成。根据文化学派代表人物勒菲弗尔（André Lefevere，2004）的观点，“翻译就是对原语文本的改写”，“改写即操纵，并为权力服务”。这一“改写”超越了语言文字转换层面，体现了政治权力、意识形态以及主流诗学、赞助人对翻译的操纵，迫使个体译者或政府赞助的集体译者不得不灵活变通，甚至采用完全扭曲的翻译策略来实现传播者对原文语言以及隐含在语言背后的政治话语权的操控与暴力改写。

外宣翻译中的这种政治性改写与操控如果是出于国家形象建构与国家意识形态维护的需要，且不伤害其他国家的主权与利益的话，具有其合理性的一面。比如，韩国将其首都的汉字拼写由“汉城”改为“首尔”之举就是出于对外宣示主权、强化民族意识的需要，无可厚非。但 2012 年 4 月菲律宾当局无视我国多次警告，以“称谓简洁”为借口非法操控黄岩岛之外宣译名，将其英译改为“Panatag Shoal”（帕纳塔格礁），以宣誓对该岛所谓“所有权”的做法就乃厚颜无耻之举。这种政治性操控实属片面追求自我利益而侵犯我国主权的非法勾当，将于无形中模糊英语受众对黄岩岛主权归属的认知与态度，严重损害了我国的领土主权与合法权益，也有碍两国邦交的正常化。

黄岩岛属于我国固有领土，大量的历史史实与早期国际地图都证明了这一点，如珍藏于德国柏林图书馆于 1753 年由德国人测绘制作的《中国南海地图》[①]，1937 年与 1943 年版的美国《兰德·麦克纳利世界地图集》中《中国、法属印度支那、泰国和朝鲜图》、加拿大多伦多大学图书馆与美国耶鲁大学图书馆均有收藏的一幅为《1938—1939 年中国年鉴》而编制的《中国地图》、1941 年美国兰德公司版《世界战争地图》、1942 年意大利版《东亚地图》、1952 年苏联版《中南半岛和印度尼西亚图》与 1955 年联邦德国版《远

① 详见记者祝健的新闻报道：“福州现南海主权新证据　两份地图证明南海属中国”，福州新闻网，2014 年 7 月 11 日，http://news. fznews. com. cn/kjww/2014 - 7 - 11/2014711LGsQFuKXCC875. shtml。

东地图》①。既然属于我国领土,我们自然对其拥有毋庸置疑的主权与命名处置权。然而,自2012年4月菲律宾当局挑起黄岩岛事端以来,菲方刻意使用所谓的"Bajo de Masinloc"(巴约的马辛洛克)来指称黄岩岛,且一度高调扬言欲把西方媒体报道时通用的"Scarborough Shoal/Reef"(斯卡伯勒礁)改称为"Panatag Shoal"(帕纳塔格礁)。2012年5月4日,菲律宾阿基诺三世政府更是无视我国多次警告,再次就我黄岩岛及其附属岛屿发出严重挑衅言论。时任菲方总统发言人埃德温·拉谢尔宣称,出于所谓"简洁"的目的,菲律宾正式将黄岩岛英译名篡改为"Panatag Shoal"。与此同时,阿基诺三世在当天也表示,菲政府已就菲中在黄岩岛问题的对峙征询了国际法律专家,准备向至少一个国际机构提出诉讼,他还鼓励菲渔民前往该海域捕鱼以宣示"主权",从而使南海局势一度升温。

经多年的酝酿后,2015年11月30日应菲律宾单方面请求建立的有关南海争端的所谓仲裁庭在荷兰海牙举行了庭审,一直在各种国际场合不遗余力抹黑中国的菲律宾时任外长德尔·罗萨里奥(Albert del Rosario)及其代理律师在其陈词中妄议、贬损南海地区国家所共同签署的《南海各方行为宣言》,并在庭审中围绕中国对南海诸岛的主权大做文章,极力否定中国对包含黄岩岛在内的南海诸岛的领土主权,直至2016年7月12日所谓的"判决结果"公布,再加之菲律宾政府换届选举选出了新总统杜特尔特才使菲方主导的"南海仲裁案"这一闹剧得以逐步平息。尽管菲律宾在黄岩岛译名篡改问题上的政治宣传与操控曾多次出现,但中国历代对这些岛屿的文献标注、行政设置、军事巡航、生产经营、海难救助等活动与二战后奠定东亚国际秩序的《开罗宣言》《波茨坦公告》等重要国际法文件无不表明中国对南海诸岛的主权不容否定。

---

① 详见《南海网》责任编辑王书央的报道:"关于南海,这5国的8张地图说明了事实",中国南海网,2016年8月8日,http://nanhai.haiwainet.cn/n/2016/0808/c3542184-30169253.html。

实际上,我们可从当年菲律宾当局对黄岩岛译名篡改的无耻行径中发现诸多端倪,更能从整个改名过程中窥探出对外宣传工作与外宣翻译工作在国际关系维系与演变中所扮演的政治操控性角色。菲政府将黄岩岛换易为“帕纳塔格礁”之用意是“司马昭之心,人尽皆知”,显示了菲方借此操控“黄岩岛”外宣译名来混淆“岛”与“礁”的概念,并彰显其所谓“主权”来争夺我国南海资源的非分之想。根据《联合国海洋公约》第121条,“岛屿”与“岩礁”在法律属性上存在很大差异:前者既有领海与毗连区,又有专属经济区与大陆架,而后者则只有领海与毗连区。从这个意义上来说,“岩礁”不具有管辖广袤海域的能力(王勇,2015:17)。也就是说,菲政府将黄岩岛篡改为“帕纳塔格礁”之举表面上看是换易名称来无理取闹、争取所谓“主权”的闹剧,而实际上是明知没法取得黄岩岛主权还在故意通过偷换概念来操控宣传、混淆视听,趁机在国际上减少我国管辖权的恶意行径。

黄岩岛是中国固有领土,即便是菲律宾当地报纸《马尼拉标准今日报》,在2012年4月28日的报道中也指出“它属于中国”(许婧,2012)。早在1279年中国就已发现并将其标注入地图,当时著名的天文学家郭守敬曾测绘了南海,测绘点就是作为中沙群岛一部分的黄岩岛(曾于20世纪40年代改为“民主礁”,1983年变更为现用名)。这比菲外交部妄称拥有同一块领土所依据的1820年版菲方“老地图”早出了541年。与此同时,《1898年美西巴黎条约》《1900年西美华盛顿条约》《1930年英美条约》三个国际条约都支持中国对包含黄岩岛在内的南海岛屿拥有主权,它们都规定菲领土边界限制在东经118度线以东,而黄岩岛则位于该经线以西的范围。因此,菲方所谓的“主权主张”纯属操控外宣翻译来侵犯我国领土与主权完整的恶意挑衅。

关于黄岩岛(曾用名“民主礁”)的称呼与译名,虽有“Scarborough Reef, Scarborough Shoal, Democratic Reef, Minzhu Jiao, Huangyang Reef, Huangyan Island, Huangyan Dao”(丁立福,

2013:4)等众多版本,但国际上惯称为"Scarborough Shoal",而中国人现在习惯称之为黄岩岛(Huangyan Island)。菲政府在其对外宣传与报道中既不遵守国际惯例,也不遵循"名从主人"的约定俗成体制,之前刻意将其称之为"Bajo de Masinloc",后来还以所谓简化的名义,肆意将黄岩岛篡译为"Panatag Shoal",种种别有用心之举实乃一种利用对外宣传工具而实施的一种侵略行为,也是非法染指中国国家利益的一种带有明确目的性的政治操控与暴力行径。

不难发现,窜改名称是前菲律宾政府滋事挑衅的惯用伎俩。我们注意到在菲律宾 2008 年版官方地图上,我国南海英文译为"South China Sea",而菲律宾总统办公室曾于 2011 年 6 月宣称菲方计划将南海更名为所谓的"西菲律宾海"(the West Philippine Sea)。中国外交部当时回应指出,"南海是国际社会通用的地名"。后来,阿基诺三世又于 2012 年 9 月 5 日签署第 29 号总统行政令,以"为菲律宾共和国的西菲律宾海命名"为题,正式把菲律宾群岛西侧的中国南海海域命名为所谓的"西菲律宾海",并要求菲国家测绘和资源信息局绘制和出版新的涵盖"西菲律宾海"的菲律宾官方地图。阿基诺三世政府这一政治操控的主要意图一是高调宣示自认为对南海的"主权",二是向中国大陆表明坚持立场的决心。可见,菲方觊觎我国南海岛礁的主权已不是第一回。然后,正如厦门大学南洋研究院院长庄国土接受采访时所指出的那样,"一个地区的命名往往带有一定历史渊源与使用惯性,菲律宾单方面的声明在短期内不可能得到国际的认可。若想让全球的所有世界地图都随之改变称谓,是十分荒唐的"(转引自:朱义华,2016:20—21)。

同样,马来西亚政府在马航 MH370 客机失联的消息发布与对外宣传上也可能存在着一定的政治操控。2014 年 3 月 24 日,马来西亚总理纳吉布宣布,根据最新收到的卫星分析数据,可以判定马来西亚航空公司 MH370 航班在印度洋南部海域"终结"(ended)。纳吉布的声明虽然带着悲伤的气氛,但他在描述航班命运时依然很谨慎，没有使用“坠毁”(crashed)一词，而是使用了“终结”。对这一模糊性措辞的操控，既是出于安抚乘客家属的需要，更可能是马方维护自身“科学、谨慎、负责”的国家形象的政治需要，不至于给国际社会一个草率得出结论的印象。这是因为当时的确没有直接证据可以表明失联航班 MH370 已坠毁，直至 2015 年 8 月，在法属留尼汪岛上发现 MH370 飞机残骸后，这一说法才得以印证。

第三节　外宣翻译的政治对抗性

外宣翻译在很大程度上是信息传播国或代表其权益的机构、组织甚至个体对国外传播对象的主动信息输出活动，由此就决定了维护和捍卫国家利益或者说国家利益至上的原则，是对外宣传与翻译活动的出发点与最终目标。因为不同国家都存在着维护本国国家利益的重任，不同国家之间的外宣翻译与报道话语就可能出现针锋相对的情况，外宣翻译的政治对抗性就会相应显现。

譬如，中日在历史上的相互称谓实乃外宣政治对抗的产物。有关日本称呼中国“支那”的由来有这样一种说法：日本曾有僧侣随遣唐使赴唐学习佛经，因此一些佛教界人士为显示博学、虔诚开始用起了“支那”(Cina，据佛经中“中国”一词的梵文表达音译而来，也被译写为 Shina，Chini 等)一词称呼、翻译中国，以表示敬意。但甲午战争中清政府失败后，长久以来一直把中国尊为上国的日本人使“支那”一词带上了战胜者对于失败者的“轻蔑”或“侮辱”色彩(杨鹏、孟玲洲，2010：44—45)。此称谓也引起了无数国人的愤怒，我们开始在对外宣传中称呼日本人时试图“以毒攻毒”，使用“倭人”(王拱璧，1919)等词语。此外，因为英语中的“日本”(Japan)源于漆器，而且日本想脱亚入欧，我们就用它的音译，称日本为“假扮”(杨鹏、孟玲洲，2010：44—45)，即像漆器一样通过外表涂抹来伪装，假扮成亚洲成员，心则另有他属。这不仅仅是名称在外宣翻译中的简单换易，而是牵涉话语权与政治力量的对比。

日本对中国的蔑称“支那”体现了日本当时对中国的武力征服，而中国以其人之道还施彼身的做法不但表现了国人对日本的不满与愤慨，更是国家抗争的一种政治表现。对外宣传与翻译报道这种政治对抗性也很好地解释了为何俄日在争议岛屿问题上俄罗斯官方坚持称之为“南千岛群岛”而日本政府则称为“北方四岛”、在韩日争议岛屿上韩国称“独岛”而日本称“竹岛”之缘由。

外宣翻译的政治对抗性在战争描述与战争场合使用时尤为明显，一个典型的例证便是有关日本侵华战争的表述与译文问题。在抗战期间，日本人习惯用带有辱华性质的“支那事变”（Shina/Chini Incident）或右翼分子极力鼓动的“大东亚战争”（the Greater East Asian War），而中国学者在引用“支那事变”一词时，往往将其译成更易为国人接受的“中国事变”“日中战争”，以至于“支那事变”这一日本人最初的侵华战争称谓反而在中国变得较为生疏（徐志民，2013：22）。然而，对我们每一个中国人来说，那场战争毫无疑问是一场抵制侵略、保家卫国的抗日救亡运动，或者说就是老百姓所熟知的“抗日战争”（Anti-Japanese War）。2015 年 8 月 20 日出版的《人民日报》在第 16 版“马克思主义理论研究和建设工程”一栏发表了《关于“抗日”一词英文翻译的几点思考》一文①。该文通过对“anti-Japanese”的语义与构词分析，认为除在特殊语境，“抗日战争”不宜译成“Anti-Japanese War”（反对日本、日本人的战争），而译为“Resistance against Japanese Aggression”（对日本侵略的抵抗）或“Counter-Japanese War”（反抗日本侵略的战争）更为可取，以表明是日本侵略者侵犯在先，我们反抗在后，而且我们反抗的不是包含一般日本国民与广大老百姓的整个日本，而是日本的军国主义分子，尤其是日本军国主义侵略者。这样的外宣译文是出于和平年代下冷静客观的思考，是着眼于世界和平与中日两国关系的长远发展，但在当年日本侵略者肆意烧杀掳掠的年代，我们

① 中央编译局英文一处：“关于‘抗日’一词英文翻译的几点思考”，《人民日报》，2015 年 8 月 20 日，第 16 版。

的同胞怎能冷静下来？对日本人怎能有好印象？对于辱华性的“支那”称谓怎能逆来顺受？所以，对于抗战时期的国人来说，将“抗日战争”翻译成“Anti-Japanese War”来宣传报道在笔者看来也是完全合乎情理的，这也是出于特定历史时期即战争时期政治对抗与暴力反抗的需要。

可以说，外宣翻译的政治对抗性是国家传播主体之间利益冲突与对抗的一种表现，也说明国家层面的外宣翻译为国家服务的一种体现。国与国之间的相处中往往会出现这种宣传上的对抗性，既是对宣传主体国家软实力、硬实力的一种展示，更是对国际关系的一种动态维系与平衡。

第四节　外宣翻译的政治殖民性

外宣翻译的政治殖民性是指外宣翻译在殖民统治的过程中所扮演的“为虎作伥”的暴力性角色。在后殖民主义研究者尼南贾纳（Tejaswini Niranjana）眼中，翻译被看作是一种政治行为实践，是构建殖民主体与被殖民者不对称权力关系的话语场所，是帝国主义殖民统治的工具（Douglas Robinson，2007：8－30）。该视角使作为信息沟通媒介的一般意义上的翻译背上了沉重的历史罪名——“殖民工具”，而专门针对国外受众进行信息传播、政治游说或价值观念移植的外宣翻译则更是如此。历史上，大多数帝国主义国家在入侵他国时，往往会首先展开政治宣传攻势，这时的外宣翻译无异于帝国主义殖民统治的帮凶。“掠夺剥削自然是暴力行为，翻译助纣为虐，除了客观上助长了暴力行为，其自身的行为本身也充斥了暴力。”（孙艺风，2014：6）即便是在战争平息后的和平年代，如何对外翻译宣传对战争的认识与反省也存在着对政治殖民历史的不同认识，有如当今德国与日本对发动法西斯战争的认识一样，大相径庭。

2015 年是抗日战争暨世界反法西斯战争胜利 70 周年，而以安倍晋三为首相的日本当局对当年日本军国主义分子所发动的侵华战争在宣传上则明显有违客观事实，他们不说自己是在侵略中国，而是厚颜无耻地称他们当年是为了建立所谓的“大东亚共荣圈”（the Greater East Asia Coprosperity Sphere）而实施的一场“圣战”。因此，日本对当年的侵华战争在对外宣传翻译时绝不会用到“aggression”（侵略），“invasion”（入侵）等字眼，甚至还美其名曰用“the Holy War”（圣战）来对外进行译介宣传，从而为自身的侵略、杀戮作辩白与美化。同样，他们对于南京大屠杀也从绝对不会使用“Nanjing Massacre”（在南京实施的批量大屠杀）或“Nanjing Holocaust”（在南京实施的种族灭绝性大屠杀）来翻译报道，而是用“Collateral Damages”（南京战场的附带性伤害）等类似表达来玩文字游戏，企图达到掩盖他们侵略历史与残忍杀戮的滔天罪行。这显然是对中华民族情感与历史事实的肆意践踏，是为了达成一己私欲而不顾他国感受的胆大妄为之举，外宣翻译的政治殖民目的性与暴力性可见一斑！

同样，由于英国当年对中国发动了两次侵略性的鸦片战争，并和其他西方列强组成八国联军进犯过我国，即便到了 1997 年香港回归之时，英国的对外宣传还在试图掩盖发动殖民战争、实施殖民统治的不光彩历史。英国媒体在报道我们因战争失利而被迫割让的香港的主权回归时常常将其翻译为“the transfer of the sovereignty over Hong Kong”（香港主权更迭），“Hong Kong Takeover”（香港接管），“Hong Kong Handover”（香港移交）等政治立场明显偏向英方、政治口吻有利英方的表达形式，给不了解这段历史的人以“英国主动把在香港的权益转交给中国或英国在香港的权益要被中国夺去”的虚假印象，从而遮掩他们发动侵略战争、实施殖民统治的百年罪行。这种口吻明显与事实不符。众所周知，香港本是我国固有领土，香港回归对于我国来说是对国家主权的索回与重新行使，因此我们应将香港回归祖国母亲怀抱与我国恢复对香港行使主权的扬眉吐气之感在翻译中体现出来，故适合将其翻译成

"China's restoration of sovereignty over Hong Kong"(中国恢复对香港的主权),"China resumed its exercise of sovereignty over Hong Kong"(中国恢复对香港行使主权)(过家鼎,2005:21)等类似的表达来进行外宣翻译与报道,以针锋相对,彰显我们反抗英国殖民统治所取得的胜利。

不难看出,外宣翻译的殖民性暴力维度在殖民国、地区与被殖民国、地区之间一直存在,它既是殖民国实施侵略行径、隐藏历史真相的宣传手段,更是被殖民国、地区奋起反抗、揭开历史真相的宣传武器。从这种意义上来说,近现代翻译史就是一部帝国主义国家实施对外扩张与侵略的殖民史,更是一部被殖民国家与地区反抗殖民统治与外来压迫、争取民族解放与国家独立的抵抗史。

综上所述,外宣翻译中"国家意志的对外性"凸显了翻译与政治、权利甚至暴力的关系。外宣翻译不等于一般意义上的翻译活动,它是一种用外语进行"再创造"的跨文化政治行为与传播实践活动,其中往往涉及政治宣传性、政治操控性、政治对抗性、政治殖民性等政治暴力维度。对外宣翻译政治性及其暴力维度的剖析有助于我们发掘隐藏在对外宣传与翻译报道中的政治动因与政治目的,从而有利于我们有针对性地采取外宣措施来发出我们的声音,建构我们的话语权,更好地维护国家主权与民族利益。

第六章　外宣翻译之政治生态与机制

外宣翻译之政治生态是指广义上的政治生态环境，即约束、制约甚至操控外宣翻译的各种因素的总和，如国家体制与国家制度、思想政治与意识形态、语言文化与出版赞助、译者个性审美与受众群体等，因为这些因素对外宣翻译产生的影响与作用就如我们通常所说"政治"①一样对外宣翻译具有巨大的制约作用或影响，因而统称为外宣翻译之政治生态。

外宣翻译之政治生态涉及"翻译生态"与"翻译生态学"的有关概念。"翻译生态"最早是由皮特·纽马克（Newmark，1988：102）在其教材《翻译教程》（*A Textbook of Translation*）中提出的，他指出整个翻译活动表现出明显的生态学特征。后来，戴维·卡坦（Katan，1999：168）明确了翻译生态环境的具体对象与内容，即物理环境、政治环境、工作环境等。关于翻译生态环境的组成，国内学者也持有类似的观点。方梦之（2011：1—5）认为翻译生态环境是由"翻译生态"与"翻译环境"两个既相互独立又密切联系的方面所组成的，是影响翻译主体生存和发展的一切外界条件的总和。根据方先生的阐释，翻译生态环境中的主体是广义的，即参与翻译活动的一切生命体，包括原文作者、译者、读者、翻译发起人、赞助人、出版商、营销商、编辑等，而外界环境则包括与翻译活动有关的

---

① 本章所讲的"政治"是与权力话语关系与地位影响相关联的概念，正因为外宣翻译政治生态系统中不同的政治性因素有着不同的权力、发挥着不同的作用，所以依据其影响的力度与范围将它们区分为外宣翻译之宏观、中观与微观政治生态，以规避以往研究中笼统一谈的局面。

自然经济环境、语言文化环境、社会政治环境等。陈东成（2017：242）也指出，翻译生态环境是由翻译生态与翻译环境所组成的，是翻译产生、存在与发展的基础，具有整体性、多样性、创生性、动态性等特性。国内这些对翻译生态的细分为我们进一步探索外宣翻译的政治生态提供了借鉴。

“翻译生态学”概念则是由迈克·克洛宁在2003年出版的《翻译与全球化》（*Translation and Globalization*）一书中首次提出的，他主张将生态与翻译结合研究，关注“语言种类的生态与平衡”，在全球化的环境中进行翻译实践（Cronin，2003：166）。而国内学者许建忠（2009）在《翻译生态学》一书中系统而全面地阐述了翻译生态学的理论体系，并将翻译生态学界定为研究翻译与其周围生态环境之间相互作用的规律和机理的科学。根据他的观点，翻译生态是以翻译为中心，对翻译的产生、存在与发展起着制约和调控作用的n维空间和多元环境系统，涉及自然的、社会的、规范的、生理、心理的环境等。从外宣翻译发生的情境与过程来看，外宣翻译之政治生态环境既包含戴维·卡坦与方梦之先生的自然环境、社会环境和政治环境，也包括许建忠先生的“社会的、规范的、生理的、心理的”环境，还涉及迈克·克洛宁提及的语言生态与全球化文化环境等中的部分要素。

从其构成来看，翻译生态系统主要由翻译无机环境和翻译群落构成。翻译无机环境是指原语文本以及作者、译者、读者和研究者所处的社会文化环境及历史制约条件，而翻译生物群落是指与翻译有关的活动主体，包括生产者、消费者和分解者（刘国兵，2011：98）。同理，外宣翻译之政治生态也涉及外宣翻译的无机政治环境与政治生物群落，前者主要是指国家制度与国家战略、思想政治与意识形态、语言文化、出版赞助，它们具有客观现实性，在特定历史与社会环境中具有普遍性、规约性与相当的不可抗拒性；而后者则包括以译者与读者为中心的政治生物群落，他们是外宣翻译活动中最活跃、最易变、最不稳定的因素，具有差异性、任意性与自主性。外宣翻译的政治生物群落需要调整自身来适应无机政治生态环境，并且保持自身群落系统的和谐与稳定才能达成外宣翻译政治生态系统的整体平衡，才能产出实现传播主体目的、达成传播效果的外宣译文。

根据许建忠先生（2009）的观点，翻译生态有层次之分，既有宏观生态，也有微观生态，包括翻译的个体生态、翻译的群体生态、翻译的生态系统及其结构与分布模式等。为了便于区分不同政治生态层次在外宣翻译中所发挥的作用并探索其运行机制，我们将外宣翻译之政治生态分为宏观政治生态（国家政治）、中观政治生态（语言文化与出版赞助人）与微观政治生态（译者与读者），以便清楚地看出不同层次的政治生态因素在整个外宣翻译政治生态链上的地位、影响与操控力。宏观政治生态处于整个外宣翻译政治生态链的顶端，操控或强制规定着中观、微观政治生态能否发挥作用、发挥多大的作用，从而决定着外宣翻译内容、传播方式，并对传播效果产生最大的影响。中观生态更偏于指影响外宣翻译的客观限制条件，不论是语言符号系统内容，还是文化规约规范，甚至是出版赞助商的明确要求，都限制了外宣译者主体性的发挥。而作为外宣翻译行为的施为者与受众，微观政治生态因素处于整个外宣翻译政治生态链的最下端，其作用往往受制于宏观与中观政治生态因素，但由于他们是整个外宣翻译政治生态体系中最活跃的因素与主体性发挥最大的角色，他们在选择性适应宏观与中观政治生态环境的前提下对外宣翻译的质量与传播的效果发挥着关键性作用。三个层面的外宣翻译政治生态既各行其道，又相互适应，最后达到平衡与稳定，确保外宣翻译任务的圆满完成与外宣效果的最大化。

第一节　外宣翻译之宏观政治生态

外宣翻译之宏观政治生态是从国家政治的角度来理解的，与我们日常生活中所说的政治或政治学上所研究的政治颇为接近，主要涵盖国家主权与利益、国家体制与制度、政治思想与意识形态等具体内容，它们虽属于无机政治生态因素，但处于外宣翻译整个政治生态群落系统中的上游端，对外宣翻译发挥着最高"指挥棒"作用，往往具有绝对强制性与不可抗拒性，是外宣翻译目的、内容与宣传时机、传播方式的最终决定者。

一、国家主权与利益

国家主权与利益始终是外宣翻译工作者在对外宣传与翻译报道工作的出发点与最终目标，是外宣翻译政治生态系统中最重要的政治生态因素之一。无论是各行各业的"大外宣"还是政府主导的"小外宣"，也无论其宣传与翻译的内容是什么，首先必须有一个前提，那就是不得背离国家利益至上的原则，中国的外宣翻译如此，世界上其他国家的外宣翻译也是如此。国家，国家，有国才有家，国之不存，家将附焉？人将附焉？国家是目前世界上各民族人民生存生息赖以依存的宏观政治生态，人只有生活在一个独立自主与和平发展的国度里才能获得自身的全面发展。因此，作为国民，都必须有爱国精神，切实维护国家主权与民族利益，这也是爱国精神在外宣翻译中的体现与要求。

譬如，自 2017 年 6 月中旬中印边界对峙事件发生以来，我国外交部与国防部就积极开展对外宣传，通过翻译与报道向世界及时揭露印度当局的侵略行径，说明我国军队保持最大限度的克制来合理维护国家主权利益的做法。印度边防人员在中印边界锡金段越过边界线进入中方境内阻挠中国边防部队在洞朗地区（Doklam）的正常道路修建活动。6 月 18 日，印度边防部队 270 余人携带武器，连同 2 台推土机，在多卡拉山口越过锡金段边界线 100 多米，侵入中国洞朗境内阻挠中方的修路活动，引发局势紧张。印度边防部队越界人数最多时达到 400 余人，连同 2 台推土机和 3 顶帐篷，越界纵深达到 180 多米。且随后完全无视我国的外交部与军方的多次警告，进一步歪曲事实来损害我国领土主权与中印共同邻国不丹的独立主权，使中印对峙事态进一步升级，严重破坏了边境地区的和平与安宁。为此，我国通过外交部与国防部发言人的发言、答记者问以及其他外宣媒体的翻译与报道来让世界其他国家了解印方派军跨越中印双方承认的边界线进入中国境内是对中国主权的严重损害，同时要让印度政府明白"撼山易，撼解放军难"，中国捍卫国家主权与领土完整的决心不会变，我们完全有能力打败一切来犯之敌，保护好国家主权，维护好民族利益。

在整个对峙事件的对外宣传中，维护国家主权与民族利益就成了外宣翻译与报道工作的重心所在，相关的外宣翻译工作必须始终遵循"国家利益第一"的原则。比如，"印军方锡金段越过边界线"就不能简单翻译成"The Indian troops crossed the boundary in the Sikkim Sector"，因为"crossed"一词仅仅表示"跨越"的动作，并不表示"印方非法越境进入我国"，从而体现外宣翻译对国家领土主权的维护，因此需要将"crossed"一词更换为"trepassed"（未经许可擅自进入、非法进入）或至少在"crossed"前加上"illegally"一词才能准确传达原文的含义，体现外宣译文的正确立场，发挥译文的政治服务功能。

二、国家体制与制度

国家体制与制度通常是一个国家的政治体制及其相关国家机器与规章制度，既是一个国家性质的体现，也是维护国家安定团结并发挥自身制度优越性的体制保障，对提升并展示国家的国际影响力、建构国家的政治威望发挥着不可替代的作用。国家体制与制度是外宣翻译宏观政治生态中又一重要政治性决定因素，我们的外宣翻译就是坚持宣传我们社会主义国家制度的优越性，坚持宣传我们社会主义的阶级立场、理想信念、民主法治、典章制度与政策方针，坚持宣传我们的道路自信、理论自信、制度自信与文化自信,从而为世界的和平与发展贡献中国智慧与中国力量。比如,政党制度是我们在对外宣传介绍时经常会遇到的话题,我们经常会听到以下一说(详见例12)。该如何在外宣中翻译才能准确向世界传达我国现行的政党制度?

例12 在我国,中国共产党是执政党。此外,我们还有八个民主党派。

译文1:In China, Chinese Communist Party is the party in power. Besides, there are eight **democratic** parties.

译文2:In China, Chinese Communist Party is the party in power. Besides, there are eight **political** parties.

译文1采用了字面对应的直译法,很容易给外国读者以中国共产党并非"民主型政党"的误解,尤其是在国外敌对势力对中国共产党长期反动宣传以及国民政府对共产党负面宣传的背景下,西方读者很可能会产生中国实行的是共产党"一党独裁"的错误印象,这与我国实施的中国共产党领导下多党合作与政治协商制度明显是背道而驰的。究其原因,是因为该译文忽略了国家制度术语与话语中隐含的政治性因素以及汉语和英语在表达习惯、思维习惯上的差异所致。而译文2则灵敏地把握住了原文的政治性,通过巧妙地使用"political"替换了原有的"democratic",规避了受众读者可能产生的误解误读,因为所有的政党都具有政治性,不论是执政党还是民主党派,都是政治派别。而其他民主党派,相对于共产党而言,都是其他政治派别,所以翻译为"other parties"也同样可取。这种外宣翻译策略与技巧上的巧妙处理正是出于外宣翻译政治生态之中的外宣译者发挥主观能动性的表现,也体现了外宣翻译之宏观政治生态因素对外宣翻译的影响与制约。

三、意识形态与思想

意识形态①往往是统治阶级集中意志的体现，是整个社会有机体的灵魂，也是外宣翻译宏观政治生态中政治思想方向性的决定性因素。我们开展对外宣传不一定要向国外受众直接提及意识形态的话题，但我们的宣传归根结底是在宣传社会主义政治思想体系、经济社会发展成就、民主法制建设以及人民生活的方方面面等。这是因为所有国家的对外宣传活动均是“一种对外政治宣传工具，是各国为其本国利益对外宣传其政策观点和争取世界人心的有效手段，是意识形态斗争、国际政治斗争的战略性宣传武器”（金初高，1996:9）。因此，必须坚持以马列主义、毛泽东思想与邓小平理论的指导来开展外宣工作，牢牢把握对外宣传工作的社会主义方向与主流思想价值观念。

比如，我们经常提及的一项基本国策为“改革开放”，如果纯粹按照英语表达与理解习惯应把它译为外刊上常用的“transform” 和“open door”，似乎更能为西方读者接受。然而，从意识形态角度审视其中的政治内涵，不难发现，“transform”是从“原地”到“另一地”的改变（社会主义向资本主义转换）；在外国人看来，“open door”可以理解为“门”是为他们而“开”，他们是主体，这就颠倒了主次（胡芳毅、贾文波，2010:25）。更为重要的是，“open door”会让人联想到我国在清朝末期受列强宰割的“门户开放”政策，这与我们现在为了实现国家富强与民族复兴而主动采取的开放战略完全不是同一概念。相比之下，“reform”是“原地”重构（社会主义方向不变），“opening up”通过“up”一词，表达了“向上，向外”的意

---

① 根据文化学派代表人物勒菲弗尔（Lefevere, 2004）的观点，“意识形态”可以是“社会的、上层的”，即指整个社会或国家的主流思想与价值观念，也可以是“个人的、底层的”，即指个人的思想观念或世界观。但此处有关外宣翻译宏观政治生态中的意识形态是指前者，即作为社会规范与上层建筑的“意识形态”概念，它对外事宣传与翻译报道往往具有规范、约束甚至操控性的作用。

思,说明是我们主动对外,突出我们的主权(胡芳毅、贾文波,2010:25)。因此,译者在外宣政治生态中选择性顺应我国的意识形态,将“改革开放”译为“reform and opening up”,体现出更为深刻的政治思想内涵和用意。同理,在有关南海问题的对外宣传与翻译报道中,中美两国的社会主流意识形态、主流媒体思想态度不同,对我者和他者的划分正好相反。“美国主流社会和主流媒体的认知模式中,中国是负面的他者,菲律宾、越南、日本等中国邻国为美国的内集团,是正面的我者;对比之下,中国主流社会和主流媒体的认知模式中,中国为正面的我者,美国和菲律宾、越南、日本等中国邻国为负面的他者。”(徐英,2015:41)

意识形态与政治思想立场的差异性在外宣翻译中往往表现为一种政治宣传与翻译报道中的针对性甚至对抗性。这是因为政治意识形态与思想立场往往涉及国家的根本利益,世界上所有国家都会毫不含糊。比如,同样是从事武装活动,西方国家把亲西方的人叫作“自由战士”(freedom fighters),而把反西方的人叫作“恐怖分子”(terroirsts)或“极端分子”(extremists)。又如,1999 年美国主导的北约不顾国际法的基本准则,野蛮地轰炸中国驻南斯拉夫大使馆,造成重大人员伤亡与财产损失。此举激起了广大中华儿女的愤怒,纷纷在全国各地举行示威游行。西方报刊称之为中国在煽动“民族主义情绪”(feeling of nationalism),而对于发生在他们自己国家的类似行动 却称之为“爱国主义”(patriotism)。从中不难看出,这种意识形态的宣传性与对抗性在涉及国家利益的对外宣传与翻译中表现尤为抢眼,外宣翻译宏观政治生态的影响可见一斑。

在我国,意识形态与思想政治路线的问题事关社会性质与国家发展道路的选择,因而在外宣翻译中应保持高度的敏感性与责任感。中国作为社会主义制度的践行者,其外宣翻译自然应该积极宣传社会主义的历史发展方向与制度优越性,坚持宣传共产主义的崇高理想与奋斗目标,从而使外宣翻译表现出社会主义中国的鲜明党性。这是我国外宣翻译宏观政治生态中始终指引我们正确前进道路与方向的政治性因素，所有外宣译者“必须考虑到本国上层建筑的需要，根据自己的群体利益，悉心选择翻译方法为本国意识形态服务：运用顺应或改写的手段，如实反映符合本国社会主流意识形态的内容，删除与本国意识形态相悖的观点和信息，运用改写手段适度掩盖或淡化可能产生负面影响的敏感内容，使译文更好地反映特定的政治立场”（林晓琴，2012：138），在我国即中国共产党领导下的社会主义立场。

综上所述，外宣翻译之宏观政治生态使国家主导的外宣翻译成为一项制度化翻译行为。所谓制度化翻译是以国家意识形态为导向的，服务于国家政治体制稳固、国家战略实施等政治价值目标的实现，往往是由国家权力机构和统治者当局发起和推动的有组织、有计划、有规模、有监控的翻译活动（任东升、高玉霞，2015：21）。这种“制度化”行为使外宣翻译活动被赋予了“使命”色彩，外宣译文的产生、出版与传播被纳入国家政治体制与国家文化生产之中，意欲通过政治化和经典化手段建构外宣译本的权威，实现国家提升话语权与文化软实力的政治价值目标，从而真正落实外宣翻译宏观政治因素在整个外宣政治生态系统中的统领与控制作用。

第二节　外宣翻译之中观政治生态

外宣翻译之中观政治生态是介于强制性政治因素与随机性政治因素之间的，在很大程度影响甚至限制外宣翻译受众接受与传播效果，进而影响外宣目标达成的政治性因素，即语言、文化与赞助人三大要素。从严格意义来说，语言、文化与赞助人不能真正纳入“政治”概念的范畴，但从外宣翻译与权利关系的角度来看，这些因素本身就反映了社会地位、权利关系、利益诉求等政治性维度，沉淀并承载了特定历史时期的国家政治性因素，且往往为政治代言或与政治发生较多关联，具有一定程度的决定性与强制性，对外宣译者的翻译抉择与外宣译文的接受反应都具有不可低估的影响。考虑到它们相对于国家政治的无所不在与无所不能，它们所发挥的作用并非绝对强势，尚处于整个外宣翻译政治生态群落系统的中游端，属于外宣翻译政治生态系统中的中观政治性因素。

一、语言的政治

尽管雅各布逊（Roman Jakobson，1959：232－239）将翻译分为语内翻译、语际翻译与符际翻译三种形式，但真正意义上的翻译往往是指语际翻译，即唐代贾公彦在《义疏》中提到的“换易言语使相解也”。因此，翻译往往离不开语言这一符号系统，而外宣翻译是通过使用外语来对外传达原语信息，其语言符号特征则更加明显。语言是区分人与一般动物的本质性特征之一，它是人类文明的产物，是伴随人脑的出现而出现的。“人类创造了语言，语言是人类思维与交流的工具，是人类表现自我的载体；与此同时，语言又是人的存在方式，控制并塑造了人，人成为语言的工具，是语言实现自我的载体。”（朱义华，2011：103—104）可见语言对人与人思维的操控与影响之巨大不亚于其他任何政治性因素，这与“沃尔夫假说”（Sapir-Whorf Hypothesis）之语言影响思维或语言决定思维之说有着异曲同工之妙。

“沃尔夫假说”，又称为“语言相对论”（linguistic relativity），是由美国人类语言学家萨丕尔（Edward Sapir）首先提出的，并由其学生沃尔夫（Benjamin Lee Whorf）充实的关于语言、文化和思维三者关系的重要理论，即在不同文化背景下不同语言所具有的结构、意义、使用等方面的差异在很大程度上影响了使用者的思维方式（Kay & Kempton，1984）。根据萨丕尔的观点，人并非仅仅生活在客观世界中，也并非仅仅生活在社会活动的领域中，人在很大程度上受到充当他们社会表意媒介的特定语言的制约……“现实世界”

在很大程度上是不知不觉地建立在该社会的语言规范的基础之上的（Mandelbaum，1956）。因此，包含外宣译者在内的所有语言使用者都是受语言符号的影响或控制，如果我们将语言在外宣翻译之中所发挥出的这种超乎人主观能动的作用称作为政治的话，语言作为外宣翻译中观政治性因素对外宣译者，进而对外宣译文所起的作用自然不可低估。

各个民族都有自己独特的语言，这就是翻译之所以存在的理由。语言是世界各民族的重要特征与赖以存在的前提，也是维持世界多样性的重要"政治"力量。语言在则民族在，语言亡则民族亡。这是因为"语言即人，人即语言，人与语言同在；语言一旦消亡，以特定语言作为生存方式的人也将随之消逝"（曹廷军、迈克尔·辛、韩京和，2007：8—12）。由此可见，语言之于翻译、语言之于人类来说就是展示其政治影响与实施符号控制的场域。

一个国家的语言文字不仅是一个国家与民族的重要标志与符号，而且是展示一个国家话语权与文化软实力的重要载体和工具，在对外宣传与翻译报道党政机构名称、人名、地名等专有名词的译法，特别是涉及国家主权等敏感问题的英文表述时首先要求我们坚持"以我为主"的原则，用自身文字及其称谓来指代本国事物，而不能迎合外国读者的阅读习惯适用外语表达（李雅芳，2015：12）。这既是对外传播本国语言文化、提升其文化软实力的重要形式，也是扩大政治影响、维护国家利益的重要表现。比如，我们在对外宣传"钓鱼岛"时，就不宜将其翻译成日本人所称的"Senkaku Islands"（尖阁列岛），而应该采用"Diaoyu Islands"的形式来宣示我国对其的主权与利益。这是因为语言文字从来都不是中立的，而是负载了政治权力、意识形态、文化观念等诸多隐形之手的操控，是语言作为政治中观生态的表现，也是"语言政治"一说的重要缘由。我们在外宣翻译与对外报道时必须坚持使用我们自己的语言与称谓来表达利益关切，建构话语权，而应绝对避免使用外语称谓，否则就丧失了"汉味"与尊严，剩下的只有"洋味"与无能。

具体到诸如钓鱼岛在内的南海诸岛的命名与外宣翻译上，我们必须坚持我们自己的独立命名处置权，而应坚决抵制并通过外宣大肆批判甚至痛斥部分东南亚邻国的非法篡改译名之举。比如，日本政府完全不顾钓鱼岛历史由来与中国的领土主权将其称为“尖阁列岛”或“尖阁诸岛”，最新日本政府官员又有最新“举动”。日本冲绳县石垣市市长中山义龙拟在2017年12月市议会例行会议上提交议案，意欲将原有之非法称谓“尖阁诸岛”（在当地又被称为“石垣市登野城”）改称为“石垣市尖阁”[①]。日本政府及其有关官员未经我国许可，擅自篡改我国固有领地名称是日本政府及其右翼势力片面追求自身利益而完全不顾中国国家利益的“狭隘民族中心主义”行径，是试图非法侵占我钓鱼岛及附属岛屿的惯用伎俩，违背了“相互尊重、平等互利”的国际准则，既不利于中日邦交的正常化，还可能为亚太地区乃至世界的和平与稳定蒙上阴影。

同样地，对于“南海”本身的命名与外宣译名，也应该由我国做主。“中国南海疆域是在历经两千多年历史，在中国人民最早发现、最早命名、最早经营开发并最早由历代中国政府行使连续不断的行政管辖的基础上而逐步形成的。这一发展过程拥有充分、确凿的历史依据。”（汪熙，2012：103）因此，中国完全有理由将其向南绵延数千公里的这一大片海域统称为南海。当然，中国古人曾根据不断拓展的航海经历和认识先后将其称为“涨海”“沸海”“珊瑚洲”等，至于如何称呼，实属中国人的话语权，外人无权干涉。中国明、清两朝亦曾称其为“大明海”和“大清海”，这是主权与皇权的体现（丁立福，2013：1）。关于南海的外宣译名，现在通行的做法是搬用国际上通用的“South China Sea”，这种译法实际上稍欠稳妥。究其缘由，至少有两点：其一，国际上在19世纪中叶开始就将

① 详见人民网记者2017年9月21日从东京发回的报道，题为：日本地方政府拟将钓鱼岛地名改为“石垣市尖阁”，网址为：http://cjkeizai. j. people. com. cn/n1/2017/0921/c368504 - 29550781. html。

南海译为“China Sea”，如英国海军部1868年出版的权威工具书*China Sea Directory*（《南海指南》），这表明国际上对中国拥有南海（China Sea）主权与名称的认可。其二，“South China Sea”较之“China Sea”则明显缩小了南海的所辖范围，为部分东盟国家伺机挑起南海岛屿争端问题埋下了破坏性的种子（丁立福，2013：1）。既然中国的“东海”翻译成“East Sea of China”，为何“南海”的外宣译文不能模仿翻译成“South Sea of China”来突出中国对自身领海主权的话语权？采用自“South Sea of China”作为我国对南海的自我译名不但是我们尊重国际上南海译名历史的一种表现，而且是对国家主权与话语权的维护，更体现了一种民族的自信。

外宣翻译同所有翻译一样，是“一种社会文化活动，涉及两种相异的语言文化，其过程必然会触及各种隐形的权力关系”（刘明东，2010：128）。这种权力关系与翻译所涉及的两种语言社会背后的政治、经济、科技、文化、价值观念等因素密切相关。因而，在外宣译员在翻译时就要充分考虑到外宣翻译政治生态中语言因素的作用以及语言活动参与者（即外宣受众或读者）的政治文化经验可能带来的影响。比如，我们2008年奥运会的申办口号“新北京，新奥运”在最初对外传播时被翻译为“New Beijing, New Olympics”。这一看似天衣无缝的译法却引起了当时国际奥委会的疑问：北京是要重新制定或建立奥运组织吗？原来，中文“新奥运”的“新”强调的是新气象，强调的是中国以一种新的姿态、新的形象来承办这届奥运会，而英语中“new”可能被奥组委误读为“更新”的意义，这是由语言差异与受众读者政治文化经历的不同而引起的误解。为此，后来这一口号改译为“New Beijing, Great Olympics”这一貌似不对应原文，实则可以规避理解偏差、消除误会的形式。“New Beijing”表达了改革开放以来中国取得了巨大的成就，表达了中国人的自信和豪迈情怀，而“Great Olympics”又传达了此届奥运会会秉承以往奥运会的一贯理念和精神，寓意“北京欲办一届了不起的、高质量的奥运会”，表达出了对本届奥运会的期许与赞美之意。这样的译文较前面的译文更能准确传达信息内容,实现积极传播效果。

又如,我国很多景区经常能见到"教师半价;军人以及1.2米以下儿童免费"这样的门票价优惠信息,是景区出于我国尊师重教的传统,也是对人民教师对祖国教育事业与人才培养方面所做贡献的一种认可。而对于国外教师,尽管他们也为人类文明的发展做出了重要的贡献,我们同样尊重,但并非直接有功于我国的教育事业与人才培养,因此他们不属于我国景区优惠的对象,在外宣翻译中应该省略不译,语言的政治性与操控性此时则表露无遗。同样,对于我国军人进出景区的免费优惠是出于感谢他们对保卫祖国所做出的巨大贡献,而外国军人一般不被允许在我国活动(除非有交流互访、合作演习等任务外)。即便有来访,他们也没有承担保卫中国的义务,所以我们的景区恐怕也没法给予免费的优惠,所以在外宣翻译中也应该删除不译。而对于1.2米以下的儿童来说,不论是国内还是国外,都是懵懂无知的儿童,对社会都未曾有过任何大的贡献,且与成年人相比也不会过多或过大地增加景区的接待负担与压力,所以我们一视同仁,在外宣翻译时予以译出。至此,"教师半价;军人以及1.2米以下儿童免费"在外宣翻译时就可以简化为"Free for children shorter than 1.2m",这不但体现了语言对于思维与意义的决定作用以及语言背后所蕴含的政治、社会、文化与价值观的运作,还体现了"内宣"与"外宣"的差异性与"内外有别"的宣传政策。

的确,并非所有中国"人、事、物"都是适合对外译介宣传的。由于中西在文化习俗、价值观念等上存在着很大的区别,对于相同内容故事有可能会产生截然不同的阐释与解读。比如,在领导人发言里常会引用典故,《习近平谈治国理政》一书中就有"以韦编三绝,悬梁刺股的毅力,以凿壁借光,囊萤映雪的劲头"这样的字眼。"对于这句话的翻译就出现了争议。开始的时候大家考虑着可以逐字逐句按照意思翻译,但当翻译到'凿壁借光'的时候却发生了问题。这里如果按照字面的意思‘凿开邻居家墙壁，借用邻居的灯光’，可能会造成英语读者对中国的误解。最终这里处理成了‘Stories of Confucius, Sun Jing and Su Qin, Kuang Heng and Che Yin and Sun Kang’，并在当页附上每个人物的简介”（黄友义，2017），以示文化与语境补偿。

外宣翻译中的语言政治还体现在语言作为符号系统本身的政治性上。语言不是词语的简单堆砌，而是通过纵聚会与横组合手段将词语或词组按特定顺序联结在一起来表达意义的符号系统。语言的意义与符号系统的内部规则以及符号与符号的关系有关，也与符号系统外部的情境或语境密不可分。比如，作为2008年北京奥运会的主题口号，“同一个世界 同一个梦想”被翻译为“One World, One Dream”，没想到却备受诟病。原汉语口号“同一个世界 同一个梦想”言简意赅，韵律感强，表达了北京人民和整个中华民族与世界各国人民共有美好家园、共享文明成果、携手共创美好未来的崇高理想。但英语译文中的“One World”常常是“单一世界”“天下一统”或“世界大同”的意思，而不是“同一个世界”所表达的同一个地球的生存环境概念。所以，“One World”在英语符号体系中的意义与“同一个世界”在汉语符号系统中的政治内涵有着天壤之别。“One World”（单一世界）一直是西方政治经济领域引起争议、贬多褒少的用语，如“单一世界经济”“单一世界秩序”等，因此不能用作汉语口号“同一个世界”的外宣译文。考虑到原文情境需要表达一个无政治指涉的地理概念，“同一个世界 同一个梦想”可翻译为“One Globe, One Dream”。因为在英语符号系统中，“globe”更多指意义偏积极或偏中性的概念，不附加政治色彩，就如同“Global Village, Globalization”等表达中体现的一样。因此，外宣译者只有通过仔细分析语言符号系统内部语汇的细微差别，才能很好地规避语言符号政治性带来的“负能量”，发挥语言在整个外宣翻译中观政治生态中的积极作用。

语言在外宣翻译中的政治性还体现在语言符号拼写、发音上的"言外之意、弦外之音、形外之力"上。比如,"国家互联网信息办公室"在对外宣传时,最初翻译为"Cyberspace Affairs Office of China",简称为"CAOC"。有关专家见到后,马上指出简称译文"CAOC"在汉语中发音上存在误读的缺陷,可能造成"CAO China("操C"???"操中国"???)"的谐音误读,造成信息的严重扭曲与对中国国家形象的极大贬损。尽管这种译文对不懂汉语拼音的老外而言,可能不觉得有任何问题,但这首先涉及一个外宣译者的责任感问题,而且外宣译文传播前首先必须通过有关部门与赞助人的严格审查,所以必须更换。考虑到"CAOC"的负面信息负载,外宣译员用"state"替换"China",并调整了单词顺序,将该机构译为"State Cyberspace Affairs Office"。没想到,这种译文的简称"SCAO"又出现了汉语发音上更为糟糕粗俗的谐音扭曲,即"SCAO"("死操"???)。因此,外宣翻译专家经过慎重思考,发现"办公室"不是一般意义上的办公室,而是一个国家机构,因而需要将"办公室"进行脱胎换骨式的翻译。所以整个机构在对外宣传时最终翻译为"Cyberspace Administration of China",简称为"CAC",这样就完全避免了语言符号与副语言符号在符号系统内部所带来的负面信息,规避了语言政治的风险。

再如,2007年开始我国正式设立翻译硕士专业学位,即人们常说的口笔译硕士学位。在对外宣传时我们将其翻译为"Master of Translation and Interpretation",简称为"MTI"。细心的人一看就不难发现,我们通常说"口笔译硕士"(MIT)变成了"笔口译硕士"(MTI),尽管两者在指称与意义上不无差异,但确实有违我们习惯表达与翻译顺序的常理。深究其原因,原来是语言发挥政治性制约的结果。在英语受众世界中,西方读者非常熟悉"MIT",但不是指"口笔译硕士",而是指创立于1861年的国际著名高等学府麻省理工学院(Massachusetts Institute of Technology)。为了避免受众的误解与误读,我们在外宣翻译过程刻意将"口笔译硕士"变成了"笔口译硕士",这是外宣翻译中观政治生态中语言因素发生作用的结果，也是为了更高地向英语国家翻译报道、解释说明中国事物而采取的变通手段。

由此可见，语言对翻译，尤其是对外宣翻译的政治干预时刻存在，只是有时表现不明显，其作用被其他政治生态因素所遮蔽，而有时则表现得非常直接，其作用远远超越了其他政治生态因素而已。既然外宣翻译只有依靠语言符号来实现对外交流、传播与影响，那么作为外宣翻译中观政治生态组成部分的语言就有发挥其政治性的用武之地。

二、文化的政治

文化是一个非常广泛、最具人文意味的概念。“文化就是社会化，就是社会化的过程与结果，即人的活动与结果。”（刘跃进，1999：57—65）简单来说，文化就是“一个人类社会思想观念与行为实践的总和”（Nida，2001：105）。具体而言，文化内容则是指一个人类群族的历史、地理、风土人情、传统习俗，工具、附属物、生活方式、宗教信仰，文学、艺术、规范、律法、制度、思维方式，价值观念、审美情趣、精神图腾等，是人类群族的一切群族社会现象与群族内在精神既有、传承、创造、发展的总和。因此，文化具有泛在性、多维性、复杂性与包容性的特征，从而赋予了人类极大的阐释与理解空间。

作为人类社会不同群族的统一体，各个民族具有其文化的独特性，不同的民族有不同的文化习俗，从而导致了翻译中的民族文化障碍或翻译的不可译性，这也是文化政治性的主要体现之一。文化的分类方法很多，如两分法，即把文化分为物质文化（material culture）与精神文化（spiritual culture）或分为主流文化（dominant/mainstream culture）与非主流文化（non-mainstream/marginal culture，又称边缘文化），也有三分法，即把文化分为表层文化、中层文化与深层文化。其中，最著名的是著名美国《圣经》翻译家与翻译理论家奈达的五分法，他把文化分为：生态文化（Ecological Culture）、物质文化（Material Culture）、社会文化（Social Culture）、宗教文化（Religious Culture）、语言文化（Linguistic Culture）（Nida，1993：91）。在外宣翻译的过程中，外宣译者就不得不考虑整个外宣翻译政治生态中的文化因素，采用选择性适用的翻译策略来既确保原语文化的保真度，又照顾目的语文化的可接受性，时而进行必要的“镶补”或背景阐释，时而又进行必要的删节、重组甚至改写。因此，外宣译者要“边译边作”，而不是“只译不作”（张传彪，2010：104），从而灵活体现外宣翻译中观政治生态中文化因素的差异性与影响，确保外宣效果的最大化。

就生态文化而言，由于中英两国地理位置、气候类型、栖息环境等的不同，造成中英两国人民在生活习惯、风土人情与语言表达的差异性。在外宣翻译中应该体现这种因生态文化差异而导致的政治性干预与影响。比如，因为古代中国地处中原地区，基本上是一个内陆型国家，属于亚热带大陆性气候，而英国，不论是英格兰、苏格兰、威尔士还是北爱尔兰，均是多面被大西洋水域所包围，属于温带海洋性气候，这就造成了中英在语言表达上的差异性。如我们对外宣传“改革东风”时，可能不太适合译成“the east wind of reform”，因为汉语的“东风”是指春夏之际从太平洋吹来的和煦的暖风，可以喻指积极向上的意义，而对英国而言，“东风”更多的是指从欧洲大陆尤其是西伯利亚吹来的寒流，往往会让人联想到“寒冷、无情”之义。与之相反，英语里的“西风”才是从大西洋吹来的暖流，才与汉语的喻义比较接近，比如，诗人雪莱名作《西风颂》（“Ode to the West Wind”）中的“西风”就是很好的佐证。然后，我们也不能机械照搬，把“改革东风”译为“the west wind of reform”，这样似乎有种文化失真之错位感。对此，外宣译者需要根据具体语境，合理调适外宣翻译中观政治生态之文化差异带来的影响，将其灵活处理为“the breeze/wind of reform”或简译为“reform”，毕竟我们需要突出的核心概念是“改革”。又如，“借改革东风”在外宣时可以灵活处理为“against the backdrop of reform”。正是因为这种生态文化的差异性，外宣翻译过程中需要有针对性地进行文化操控与改写来发挥文化的政治性作用，如“雨后春笋”与“挥金如土”在对外翻译时常会因文化的政治性干预改写为“mushroom/spring up like mushrooms”和“spend money like water”，以体现由生态环境的差异性而导致的自然现象、生活习性与言语使用的差异性。

物质文化涵盖了衣食住行的方方面面，中英存在着很大的差异性。比如，在衣着方面，中国有旗袍（Qipao）、长衫（cheongsam）、唐装（Tang suits）、中山装（Chinese tunic suits），英国有 jacket（夹克），T-shirt（T 恤），tuxedo（无尾礼服）；在饮食方面，中国有全家福（stewed assorted meats）、霸王别姬（stewed tortoise and chicken），而英国有 salad（沙拉），hamburger（汉堡），hot dog（热狗）；在住房方面，中国有炕（kang）、四合院（courtyard houses），英国有 fireplace（壁炉）；在出行方面，中国古代有舢板（sampan，即小船），现先代有黄包车（rickshaw），英语中很早就有 sleigh（雪橇），后来又出现了 airbus（空中客车，即飞机）。外宣翻译中，物质文化的政治性往往表现为很强输出性，往往是通过“文化种子”或“文化资本”的移植（Bassnett & Lefervere，2001：57 – 75）来实现文化传播与互动交流的目的。比如，我国诸如“饺子”“馄饨”“豆腐”“元宵”等传统美食与小吃在对外译介时，往往直接音译为“jiaozi”，“wonton”，“tofu”，“yuanxiao”，这种文化“闯入式”的移植不但可以增加目的语物质文化种类，而且还可以丰富译入语语言本身，可谓一举两得。

然后，音译的模式仅仅适合一些物质文化领域的术语翻译本身，而对于物质文化的综合运用与寓意表达则不太合适，而且音译采用的语言形式也有差别。此时，物质文化的政治性就要求外宣译者在充分理解两种文化差异的基础上灵活运用语言表达，尤其是运用外语读者喜闻乐见的语言形式来传达意义，实现有效的沟通与物质文化的传播与交流。比如，《红楼梦》中有“巧妇难为无米之炊”，杨宪益与戴乃迭（Yang Heisen-Yi & Gladys Yang，1978）

将其异化翻译为“Even the cleverest housewife can't cook a meal without rice”,以传播中国文化为己任,功不可没;而霍克斯与闵福德(Hawks & Minford,1979)则将其归化为“Even the cleverest housewife can't make bread without flour”,在充分照顾汉语语言的形式与意义的同时也考虑到了中英两国饮食文化的差异与英语受众的接受习惯,似乎更有利于实现对外译介传播我国经典著作的目的。

关于音译的语言形式而言,有标准汉语拼音与威妥玛以及两者的结合三种形式,一般采用“约定俗成优先”的原则,没有既定音译形式的情况下可以采用现代汉语拼音的形式。比如,被称之为我国国酒的贵州茅台酒,就不是“Maotai of Guizhou”,而是“Kweichou Moutai”,因为茅台酒采用的是威妥玛拼写形式。类似的物质文化品牌在我国的对外推广过程中采用威妥玛音译的形式来宣传比较常见,比如青岛啤酒为“TSINGTAO”,张裕葡萄酒为“CHANGYU”,“中华牌”香烟为“CHUNGHWA”,这些约定俗成的威妥玛音译形式在我国《汉语拼音方案》正式颁布后没有更改为标准的汉语拼音拼写形式是因为它们都是具有悠久历史且广为国外消费者所接受的老字号品牌,具有作为商标或品牌形象组成部分的无形资产价值,一旦更名,附加在该品牌上的商业经济价值就将随之消失,所以在对外译介与推广宣传时保留了传统的做法。

社会文化体现在不同社会关系与人的待人接物等方面。在外宣翻译中观政治生态中,社会文化的政治规约性与程序化趋势比较明显。对外交流与宣传往往需要我们根据目的语社会文化秩序的礼仪与要求来选择合适的译语表达进行传译,译者的主体性作用发挥将受到一定程度的制约。比如,我们中国传统文化有“贬低自我、抬高他人”的礼貌倾向,因此语言使用有谦语与敬语之分。中国自古以来乃礼仪之邦,中国人有大量自谦语汇,如“寒舍”“敝人”“犬子”“贱内”“老朽”“拙作”“愚见”等,而对对方或他人与其相关的事物则有诸多敬称,如“您”“令尊”“令堂”“贵舍”“贵校”“高见”“大作”“鸿论”等。英美文化中“天赋人权、人人平等”的思想更加深入人心,“自我贬抑”的谦语语汇与“称颂他人”的敬语语汇均不多见,表达往往更为直接,即便表示礼貌与尊重,也更多地通过英语句式结构的变化与语气的缓和来表示。比如询问对方姓名,汉语一般会说,“请问您尊姓大名?”,而英语则直接采用“May I know your name?”。接受礼品或接受别人的谢意时中国人往往自谦一番,说“不敢当”“有愧”“过奖”“承蒙谬赞”等,而西方人则坦率地接受或认可,使用“I'm so glad ...”,“It's so lovely”,“Thank you”等。又如,称呼对方“老李”在汉语能表示亲热、关系好,称呼“李老”则表示恭敬与尊重,“老大”“老大哥”也是如此,而英语似乎比较忌讳“老”(o1d)字,因为年龄问题是属于个人的隐私,他们对对方的尊重往往通过头衔来表达,如“Your Excellency, Your Highness, Professor, President, Executive ...”。如果一定要表达年纪大或经验老到的概念,也往往用委婉语,如“老人”译为“senior citizens”、“主任医师”译为“senior doctor”、“高级工程师”译为“senior engineer”等。

汉英在语言上有很大的区别,比如,两者从日常交际中的语言使用与表达习惯上就可以看出因语言差异性而导致的语言政治性。汉语中的招呼语在英美人看来往往喜欢采用打探别人隐私、让人反感的句式,如“去哪啊?”“吃饭没?”“干吗去?”,而实际上在汉语语境中这些招呼语仅仅是出于表示对交际对方的关心而使用的模式化、程序化语言,不但与西方人注重的隐私毫无关系,而且还显得非常亲切;与之相反,英语中常用“Hello!”,“Hi!”,“It's fine, isn't it?”,“Good morning!”等无关个人利益的语言表达来与别人打招呼,有时甚至配有适当的身势语或体态语,给人以热情与关心他人之感。在接待客人时,交际语的翻译也需要灵活、动态处理来协调好主客双方的社会关系。黄友义(2017)曾举例说明社会文化外宣译介时的政治性以及灵活处理的重要性:西方客人从加拿大来我国参会,我们为了表示客气与欢迎,就说“您远道而来,肯定很累了”。如果逐字逐句地将其翻译为“Thanks for travelling all the way here. You must be very tired”,可能会造成对方的误解,以为自己看上去十分疲惫。这里只需处理为“Thank you for making the long journey to visit us”即可。告别的时候,汉语常用“您好走!”“您慢走!”“恕不远送!”“多加保重!”“后会有期”等比较书面化、文绉绉的语言形式来表示,且主人往往亲自陪送客人很长一段距离才彼此分开,各回各家;而英语则直接得多,英美人会用“See you!”,“Good-bye!”,“Bye!”,“Good night!”等比较随意、让人放松的语言形式来表示,且主人一般不会送行,要送也是以目送为主,因为他们觉得这个似乎很浪费时间,而且不尊重他人隐私。

社会文化中最难厘定的要算社会关系中的姻亲关系了,英语常常用泛称,“-in-law, sister, brother, uncle, aunt, siblings, cousin”等这些词基本上就囊括了所有姻亲关系,而汉语往往用特指,对于具体的姻亲关系表达非常明确,所以表达更为丰富,关系界定也更为具体准确。例如,英语中的“uncle”可以指汉语中“伯伯”“叔叔”“姨父”“姑父”“舅舅”等多种具体角色。这一差异就要求我们在对外译介宣传我国人物关系时适当说明来实现“翻译的变通与损失的补偿”(夏廷德,2005)。

宗教是人类社会发展进程中的特殊的文化现象,是人类传统文化的重要组成部分,它影响到人们的思想意识、生活习俗等方面。目前,当今世界主要的宗教有:道教、基督教、伊斯兰教、神道教、佛教、犹太教、印度教、萨满教等。中国的宗教文化可以大致理解为“儒释道”文化的整合,宣扬“心诚、忠君、忠主与上天”的思想,有“借花献佛;做一天和尚撞一天钟,苦海无边、回头是岸;人算不如天算;天无绝人之路;灵丹妙药;道高一尺,魔高一丈;悬壶济世”等诸多表达,而英语国家宣扬“原罪论与上帝万能论”以基督教文化为主流,有“the forbidden fruit, God helps those who help themselves, salvation, God bless you, My God”等诸多表达。因而,两种宗教文化思想相距甚远。

广义上讲，宗教本身是一种以信仰为核心的文化，同时又是整个社会文化的组成部分。宗教本身就是一种特殊的意识形态，同时又与政治、哲学、法律、文化相互渗透、相互包容。因此，宗教文化在外宣翻译政治中观生态中往往和政治与意识形态关联，使外宣翻译呈现出一定的政治性、输出性，甚至是一定的文化对抗性与殖民性。"成事在人，谋事在天"如果翻译成为"Man proposes, God disposes"则体现了对西方基督教（上帝）文化的信奉与接受，是一种归化之举；倘若翻译为"Man proposes, Heaven disposes"则表现的是一种对佛教文化的推崇，因为"天"就是中国释道儒文化观念中无所不能、无处不在的"神"，此处采用的是一种异化的翻译策略，带有文化输出性。在当今中国文化"走出去"的大背景下，适度异化的翻译策略有利于向国外传播中国的文化种子、提升中国的话语权与文化软实力。

且看下文《红楼梦》中"好了歌"的翻译例句，不难发现杨宪益与戴乃迭（Yang Heisen-Yi & Gladys Yang，1978）采用了传播中国道教文化的"immortals"一词，以表明"神仙"追求仙道与长生不死的道教精神追求，而霍克斯与闵福德（Hawks & Minford，1979）则明显在宣扬基督教的救赎之说，认为"神仙"是可以被西方上帝救赎的，而从翻译来看"忘不了功名的神仙则没法救赎"，显然上帝不是万能的！因此，在对外译介宣传中国宗教文化概念时，外宣译员一定要把握准确，灵活选用符合我国宗教信仰教义的词汇来传播中国宗教文化，实现文化的传真。这是因为"语言可以转换，甚至可以'归化'，但文化特色却不宜改变，特别不宜'归化'，一定要真实地传达出来。因此，'文化传真'应是翻译的基本原则。"（孙致礼，2002：520）

例 13　世人都晓神仙好，唯有功名忘不了！

杨译：All men long to be **immortals**, yet to riches and rank each aspires.

霍译：Men all know that **salvation** should be won，but with ambition won't have done，have done.

语言文化在外宣翻译中观政治生态中发挥的作用在前文“语言的政治”一节已覆盖其主要内容，此处将从语言与文化的关系，语言符号的民族运用等来进一步强调其政治性作用的发挥。语言是文化的载体，也是文化的写照与组成部分，而文化影响并制约语言的形式与使用，语言与文化密不可分。基于语言符号与语言转换的外宣翻译活动自然也受文化的影响与制约，特定语言符号的运用与翻译是特定民族文化的承载体与展现形式。这种独特性往往造成翻译的不可译性，也反衬出语言文化的政治性。比如，毛泽东主席当年曾指出“一切反动派都是纸老虎”，“纸老虎”在对外宣传时被译介为“scarecrow”（稻草人），毛主席不同意，认为直译为“paper tiger”更好，因为它能够把“纸老虎”外强中干的文化形象准确传递出来。经传播后，“paper tiger”被广为接受并作为政治话语的译文形式也得以固定下来，但我们在对外介绍类似汉语结构“秋老虎”的时候却不能依葫芦画瓢将其译为“autumn tiger”。这是因为“秋老虎”并非一定外强中干，立秋后反复出现的炎热天气应该是名副其实的。而且政治领域的话语，尤其是领导人话语，外宣译者一般采用直译的形式来尽量保留其政治用意与领导人风格，达到对外宣传政治主张的目的，同时也体现外宣翻译宏观政治生态的操控性。而作为气候术语的“秋老虎”自然不能与之同日而语，故而在外宣译介时采用阐释性翻译“a spell of hot weather after the beginning of fall”可能更易为读者所接受。

语言文化的政治性还涉及两种语言在“音、形、辞”上的差异性及其不可译性。汉语在有些词语的使用上存在声音上的双声与叠韵现象，如“踌躇”“彷徨”“澎湃”“逍遥”……，而英语中也有类似的头韵与尾韵现象，如“weal and woe”，“part and parcel”，“odds and ends”，“hook and crook” ...，但它们之间并不存在一一对应的转换关系，因此往往导致了翻译中语音意义的流失。在正字法方面，由于汉字的书写形式与英语相差很大，汉字往往采用偏旁部首与字根组合的方块字形式，而英语采用前后缀与词根组合的字母书写形式，从而造就了汉语中同部首或同偏旁的独特运用方式与英语中独有的屈折变化形式，两者在翻译时基本上都具有不可译性。譬如，汉语对联“浩海洋流波澜溪河注满，雷霆霹雳霭雲雾霖雰霏”与“梧桐枝横杨柳树，汾河浪澈泗洲滩”就很难将其中的“三点水旁”“雨字头”与“木字旁”翻译出来。同理，英语中的“go”（去）一词有诸如“goes”，“going”，“went”，“gone”，“goer”，“bygone”，“go-between”等多种曲折变化形式，仅用汉语的一个“去”字是很难体现出其中的意义变化的。英汉语在辞格，尤其是修辞手段的运用上有很多的相似之处，基本可以互译互换，但是有少量的修辞存在明显的不可译性，语言文化的政治性表现尤为明显，如汉语中的顶真①与英语中的回文②修辞便是如此，详见下文例 14 中的顶真与回文修辞例证举隅。

例 14 顶真(1)：望天空，空望天，天天有空望天空；求人难，难求人，人人逢难求人难。

顶真(2)：水面冻冰，冰积雪，雪上加霜；空中腾雾，雾成云，云开见日。

顶真(3)：水车车水，水随车，车停水止；风扇扇风，风出扇，扇动风生。

顶真(4)：名不正则言不顺，言不顺则事不成；事不成则礼乐不

---

① 顶真又称顶针，亦称“联珠”“蝉联”，英文为“anadiplosis”，是一种修辞方法，是指上句的结尾与下句的开头使用相同的字或词，用以修饰两个句子声韵的方法。

② 回文，又称回环，其英文为“palindrome”，是指按正常顺序，如左右顺序与完全颠倒的顺序，如右左顺序来阅读时拼写、发音与意义完全相同的英语单词、短语、数字或句子，其中标点符号、大小写等可以不予考虑。汉语中也有回文修辞，但要求没那么严格，只要把相同的词汇或句子在下文中调换位置或颠倒过来，产生首尾回环的情趣即可，比如“客上天然居，居然天上客”“人过大佛寺，寺佛大过人”“信言不美，美言不信”等。

兴，礼乐不兴则刑罚不中；刑罚不中则民无所措手足。

回文1：madam

回文2：race car

回文3：Sir, I'm Iris.

回文4：Able was I ere I saw Elba.

回文5：Was it a car or a cat I saw?

回文6：A man, a plan, a canal, Panama!

三、赞助的政治

赞助是社会组织或个人以提供资金、产品、设备、设施、免费服务等形式无偿支持社会事业或社会活动的一种带有公益性与目的性的活动。赞助活动既是一种对社会做出贡献的行为，更是一种信誉投资和感情投资，往往隐藏着赞助人诸如"扩大自身影响、培养受众感情、树立良好形象、提高美誉度"之类的目的，从而牵涉利益关系。政府主导的外宣翻译，其赞助人常为政府本身或与政府主管相关的部门、机构或媒体，他们通过意识形态的监控、经济资助的投放与地位声望的造势来完成对外宣译者的赞助行为，其目的性更强，往往出于国家利益的维护、国家形象的建构与国际舆论的营造来指导、监控、影响外宣译者的翻译行为、翻译过程与翻译结果，是外宣译文的最终审稿人与把关者，从而体现赞助人作为外宣翻译中观政治生态因素的政治干预与政治影响。

勒菲弗尔（Lefevere, 2004）认为赞助人是"任何对文学作品（含翻译作品，笔者注）构成鼓动、宣传、阻碍、审查、破坏等影响的力量"，是"意识形态压力的一种体现"。他指出，文学系统有两个制约因素：一个是在文学系统内部的，即诗学；另一个则是在文学系统外部的，即赞助人。根据勒费弗尔的观点，赞助人可以是个别人，也可以是一个团体，如宗教组织、政党、出版商以及报纸、杂志、电视等。赞助人一般更重视作品的意识形态，而不重视作品的诗学因素，他们通过意识形态审核与把关对改写者或译者施加权威影响，从而使文学或翻译作品的产生过程及其结果受意识形态动机的驱使，或是在意识形态的约束下完成。而外宣翻译的“对外性”更加强化了赞助人对外宣译者、翻译过程与外宣译文的意识形态审核，绝不能出现任何政治纰漏，让受众读者觉得模棱两可，从而确保我国外宣翻译的主色调不变，即“红色的中国”输出“红色的翻译”。

比如，我们经常会提到的“马克思主义的基本立场、观点与方法”，但常被误译为“the basic stands, viewpoints and methods of Marxism”。在国家级外宣新闻媒体上，其外宣译文版本是“the basic stand, viewpoint and method of Marxism”，这是新闻出版广电总局作为这些媒体国家赞助人进行审查与把关的结果。此处译文的单复数问题实际上涉及了对马克思主义的正确理解问题。“马克思主义立场是人民大众的立场，是对一个类型的社会的承诺；马克思主义观点是历史唯物主义的观点；马克思主义方法是辩证的思想方法，不是形而上学。马克思主义立场、观点与方法是唯物论、辩证法和站在人民大众的立场上的统一体，是要打包到一起的马克思主义基本原理。也就是说，我们不能把马克思主义立场、观点与方法理解为马克思对不同事物的各种立场、观点和方法，不是泛指，不能用复数，也不能拆分。”（贾毓玲，2011：79）因而，外宣译文不能有复数形式，否则就背离了马克思主义的初衷，这时候作为外宣翻译中观政治生态的赞助人就发挥了积极建构的意义，通过审查确保了外宣翻译的成色。

国家层面的赞助人集国家利益代表者、思想内容传递者、语言文字实践者与读者受众体验者于一身，对外宣译文具有极大的操控性与发言权，大到外宣译文的谋篇布局与政治方向的把握，小到语言文字的具体运用与标点符号的使用都可能留下其政治审查与修改的痕迹。他们往往以其敏锐的政治眼光、娴熟的业务素养、广博的知识水平以及精湛的双语操控能力对外宣译文进行“把脉”与

“诊断”,并开出有利于实现最大传播效果的“良方”。外宣翻译的赞助人虽在外宣工作领域看似充当着“背后英雄”的角色,实则发挥着“最高指挥棒”的把关作用。党和国家的重要文献与领导人发言的外宣译介尤其应该注重发挥赞助人的政治把关与审查作用,因为这些内容涉及党和国家有关内政外交的方针政策或重要思想和理论问题,译文的政治标准应该放在第一位。比如,《中英关于香港问题的联合声明》有一个主体文件和三个附件,其中《附件一》的标题是:“中华人民共和国政府对香港的基本方针政策的具体说明”,其英方译文为“Elaboration of the Basic Policies Regarding Hong Kong”。原外交部翻译主任过家鼎(2005:21)在审查时发现“这种提法未说明是谁的方针政策,由谁说明? 我方坚持标题必须说明是我国自己的政策,由中方自己来说明。”接着便有了译文第二稿:“Elaboration **by the Government of the People's Republic of China** of the Basic Policies Regarding Hong Kong”,但“the Basic Policies”与我国的关系还不够明确。最后,由过老建议,定为:“Elaboration **by the Government of the People's Republic of China of Its** Basic Policies Regarding Hong Kong”来明确宣示中国对香港政策制定与解释的自主权,体现香港回归后我国对香港完全恢复行使主权的立场。这种译文语言文字上的改写就发挥了外交部翻译室作为国家赞助人身份的监督与审查作用,切实做到了对国家主权与民族利益的维护。

第三节　外宣翻译之微观政治生态

相对于宏观、中观政治生态而言,外宣翻译之微观政治生态以人为核心,属于有机生态之范畴,因而更具有个体性、动态性与无规律性。从其主要组成要素,外宣翻译之微观政治生态主要由外宣译者与译文读者构成。外宣译者是整个外宣翻译政治生态中最为关键,也是最为活跃的一环,他们决定着外宣译文最终的呈现形式。而外宣译文的受众读者则是整个外宣翻译政治生态中最不确定、也是最难把控的一环,他们是整个外宣活动的接收终端,决定着外宣效果与外宣目标的达成。外宣译者与译文读者的个性审美、知识背景、思想观念、文化态度以及所处社会的政治、历史、文化背景与经济、军事势力都对他们的外宣翻译行为与外宣译文接受行为有着重大的影响。因此,外宣翻译之政治生态研究就不能撇开个体性的、微观性的外宣翻译行为主体之政治性,即外宣译者的政治性与译文读者的政治性。

一、译者的政治

外宣译者是对外宣传工作完成质量的保证与传播目的实现的先决条件,其主体性的发挥在整个外宣翻译政治生态中表现特别抢眼,但同时又受制于各种宏观、中观政治生态因素的制约,外宣译者在整个外宣翻译过程中,不仅仅是扮演译者的单一角色,而是兼顾了读者、作者、改写者、研究者、征服者、调解者、发言人、权力运作者等诸多角色,使其主体性表现为主体间性,整个翻译活动是“作为复调的对话而存在的”(陈历明,2006)。

所谓主体性,是“主体在对象性活动中本质力量的外化,能动地改造客体、控制客体、使客体为主体服务的特性”(转引自:夏贵清,2004:89)。而翻译的主体性是指“作为翻译主体的译者在尊重翻译对象的前提下,为实现翻译目的而在翻译活动中表现出来的主观能动性,其基本特征是翻译主体自觉的文化意识、人文品格和文化、审美创造性”(查明建、田雨,2003:22)。外宣翻译过程中,外宣译者可以通过自己主体性的发挥来改进原文中不符合外宣译入语读者受众的行文习惯、表达方式、修辞方法与观点呈现方式,使外宣译文更加贴近外宣读者的需求,更加契合他们的阅读兴趣,更加容易让他们获得愉悦或收获,从而达到外宣翻译预期的效果,从而体现外宣翻译政治生态中译者的政治性及其作用。

比如，笔者曾主持完成翻译原新闻出版总署“经典中国国际出版工程”项目——《古代城市生活系列丛书》之《飘摇的传统——明代城市生活长卷》（陈宝良，2006），对于该书名的翻译笔者前期出于照顾原文画面质感与文体修辞的目的，将其处理为“*Tottering Traditions—The Scroll of City Life of the Ming Dynasty*”。但后来经思考，考虑到原书基本上是以历史事实为依据而撰写完成的，是一本通过描写北京、南京、杭州、苏州等明代中心城市社会各阶层人们的生活情景来展示整个明政府与市民生活演变的过程。与此同时，比起华丽的辞藻与风格而言英语读者更喜欢直接的表达与质朴的文风，所以译者对书名的翻译进行了简化，译为 *The Urban Life of the Ming Dynasty*，使全书直入主题，避免晦涩芜杂之第一印象，也更加符合历史题材类书籍的命名方式。最终，该书在英国出版时，也采用了删繁就简的书名译文形式。由此可见，译者的主体性发挥就是译者政治的主要表现，而译者也是维护整个外宣翻译政治生态平衡的一支重要力量。

外宣译者是外宣传播活动的起点之一，是外宣信息的主要制作者与控制者。在外宣翻译过程中，他为了达到外宣工作的目的，如为政治服务、营造良好社会舆论、传播民族文化等，往往需要在坚持“外宣三贴近”原则的前提下打破原文的禁锢与限制，发挥自身的主动性与能动性，根据国外受众的思维习惯对原文进行有意识的增删、调整、解释、补充等编译与改写工作，而绝不会逐字逐句地进行翻译。比如，受汉语文化诗意表达的影响，我们常能在绿地、草地或花坛旁见到丰富多样的公示语提醒：“花儿在绽放，请君勿采撷”“小草在生长，请君要爱惜”“小草青青、踏之何忍”“茵茵绿草地，脚下请留情”“芳草依依，大家怜惜”“绕行三五步，留得芳草绿”“踏破青毡可惜，多行数步无妨”。这些公示语在委婉提醒注意保护小草、保护环境的同时，也做一个有文明、有素养的游客。译者在翻译时应该充分考虑到读者的接受习惯与英语中约定俗成的公示语表达形式，通过自身主体性与政治性的发挥，对原文进行简化与统一译写，译为“Keep off the Grass”（勿踏草地），以求达到该公示语宣传保护的目的。

有时，译者的政治性则体现在对翻译信息的适当补充与添加上，目的也是为了贴近外国读者的理解与需求。比如，我们经常提到的“863”计划，在对外翻译时如果简单译为“the 863 Program”似乎太过简单，国外受众恐怕会全然不知所云。而若翻译成为“the March 1986 Program to stimulate the development of high technologies”又显得比较啰唆，所以译者在充分酝酿的基础上，最终译为“the March 1986 High-tech Program”。这样不但做到了让译文明白易懂，而且还积极对外宣传了我国的高科技计划，服务了国家的政治需求，也体现了外宣翻译与外宣译者为国家服务的性质与要求。

外宣译者的政治性还体现在对外宣材料原文与译文的把关上。首先，外宣译者会严把政治关。他们会以高度的政治责任感与敏感度，通过灵活运用翻译策略与语言表达来把控好外宣翻译的政治方向，落实好国家利益的维护，为我国在国际上话语权的建立、正面大国形象的维护与良好社会舆论的营造创造条件。其次，外宣译者会严把内容关。他们会充分考虑到“内外有别”的宣传原则，针对国外受众的需求与接受习惯，剔除外宣材料原文中一些不太适合对外宣传的材料与内容。只有首先提高外宣翻译原文的“国际适用水平”（贾毓玲，2017：96），才能让外宣翻译做到有的放矢。这是因为我国很多用于外宣的稿件大多直接来自用于内宣的文章，传统政治话语范式的惯性干扰较大，再加之中外语言的差异、受众阅读习惯的差异、中外政治文化与价值取向的差异，结果翻译起来远非自然流畅，外宣效果也就不能尽如人意。外宣译文最终是要让目的语受众或读者接受、喜欢或相应转化为对中国或中国人的友好与支持，但归根结底还要落实到语言的运用上。外宣语言是否地道、是否符合受众思维习惯与文化习俗，是以受众喜闻乐见的活生生的语言表达出来决定了外宣译文的受众反馈，进而在很大程度上决定着外宣目标的达成。是故，如何把握好外宣原文的内容，并根据译入语受众与文化的习惯来进行翻译是外宣译者发挥主体性与政治作用的重要场域与体现，并关系到外宣效果的最终实现。

与此同时，外宣译者的主体性与政治性作用也受到整个社会系统的制约与限制，有许多因素控制着他的“自由发挥”，如译者所处的外宣翻译政治生态环境，即政治、意识形态环境以及与之密切相关的经济因素、社会文化因素、外宣信息因素、受众因素甚至个人因素（政治立场、世界观、价值观、教育背景、生活阅历、个性特征、风格特点、能力水平、百科知识）等。比如，《水浒传》书名的英译就分别体现了个人意识形态与社会意识形态对翻译的政治影响。赛珍珠将《水浒传》译为 *All Men Are Brothers*（《四海之内皆兄弟》）是她个人意识形态使然的结果，因为她亲眼见证了19世纪末到20世纪初期的中国遭遇到了西方各国的侵略与掠夺，见证了不平等的社会与国际关系带来的人类文明破坏力，所以希望通过小说的翻译来重构心中儒家的“忠、义”思想与基督教“人生而平等”的思想，以期实现公平、正义的社会秩序。沙博理在20世纪六七十年代翻译此书，那时社会背景发生了极大的变化，国际上中国与西方陷入了“冷战”的思想对抗期，而国内正处于“文化大革命”的政治敏感期，很多中国文学、文化经典之作都被视为文化毒瘤，而且擅自学习、使用英语似有“投敌卖国”之嫌。“特定社会的政治文化往往会对翻译过程发生一定的制约作用，但在不同的社会和不同的时代，这种制约所表现出来的强度会有很大的不同。一般说来，一个社会中的政治形势越敏感，涉及政治的翻译所受到的压力就会越大。这种制约既有来自政府的出版检查方面的，也有发自译者个人的政治意识的。”（王东风，1998）在这样的背景下，将《水浒传》翻译为 *Outlaws of the Marsh*（《亡命水泊》）已“不完全是他个人的问题了，而应该说是其所处社会的主流意识形态，尤其是赞助人力量对其翻译进行操控的结果”（李晶，2006：47—48）。

由此可见，外宣译者自身的政治作用不能脱离整个外宣翻译政治生态大环境而独立发挥作用，作为微观政治因素，译者还受宏观与中观政治生态因素的限制与制约，只有译者选择性适应了外宣翻译政治生态整体环境的要求，才能真正发挥自身的政治影响与作用。

二、读者的政治

根据奈达提出的读者反应论（Eugene Nida，2001：116－118）观点，翻译是一种交际，翻译归根结底是为读者服务的，这也是读者政治的主要表现。而外宣翻译是专门针对特定外宣受众读者而展开的有目的性的译介传播活动，他们是外宣译文与传播材料的直接接受者，他们的反应与行动在很大程度上意味着外宣翻译质量的好坏与外宣效果的成败。作为外宣翻译微观政治生态中的主体因素，受众读者对外宣译文的理解、接受并对之做出的评判是衡量外宣译文的质量好坏的标准。外宣翻译的读者，即对外宣传活动的受众，主要是指国外受众，大体上可划分为政府、媒体、组织、个体受众等几种类型，其中个体受众又可细分为政治领导人，业界精英式的社会名流、上层人士与境外一般民众等，他们中的大多数与国内受众有着不同的语言文化背景、历史风俗习惯、社会政治制度以及意识形态、宗教信仰、教育程度、思维方式、阅读习惯、个性审美等，如何有区别地与他们进行有效沟通，达到预期的传播效果始终是我们各项外宣工作的重心所在，也是外宣翻译工作微观政治生态中读者之政治性发挥作用的要求。

外宣翻译必须考虑潜在读者与受众的具体情况，做到因人而异，做到尊重对方、尊重读者和受众的态度，尊重境外人士的习惯，使用合情合理的语言，避免“务虚”的宣传腔调与政治口号，转而追求让事实说话的“务实”作风，并在不违背国家利益，外宣译文基调不卑不亢的前提下我们应尽量迎合各类受众的口味、需求、兴趣与习惯。

政府领导人与政界、军界和商界名流是社会各阶层中举足轻重的人物，他们的反馈直接影响到外宣目标国家、地方政府或行业企业的决策与合作态度，因此针对他们进行外宣材料的翻译时尤其须谨慎、细腻，做到精确、礼貌、大方、得体、不卑不亢、有理有节，同时尽量巧妙运用语言表达做到激起他们对中国“人、事、物”的兴趣，为建立友好的外交关系与合作往来奠定基础。

媒体作为信息传播的主体与媒介在当今世界扮演着影响民意、控制信息流向与舆论导向的角色，其功能日益强大。作为国外受众之一的媒体及其机构既是我们外宣的对象，更是我们可以利用来开展进一步宣传的阵地。很多国外主流媒体都与我国主流媒体建立了信息传播与共享的合作关系，我们在向他们译介输出信息的同时，也通过他们在他们的国家进行着进一步的报道与传播，从而产生出外宣效果的“多米诺”骨牌效应。当然，在整体媒体舆论实力“西强我弱”的背景下，如何巧妙地利用外宣契机（如重大国际政治、经济、军事、文化、体育活动等）来澄清事实、减少误解还是一件长期而艰巨的任务。

对港澳台同胞与海外侨胞这类受众来说，我们在开展宣传工作时尤其应该注意尊重彼此的差异。即便不使用汉外语际翻译的形式，而采用语内（简繁体）转换的方式，语言文字运用方面也存在相当的差距。例如，最常碰到的是大陆称“普通话”，港澳台称“国语”或“国文”，大陆用拼音方案，他们用注音符号，大陆推行简化字，他们则用繁体字（沈苏儒，2009：69）。所以，在对其进行宣传时应该尽量表达我们的热情与尊重，突出中华儿女的共同根基，避免他们有反感、不习惯的字眼，来增强双方的文化认同感，与此同时保持应有的自尊。

对国外当地一般读者来说，我们的外宣翻译工作首先应该明确这样的宣传基调，那就是我们是他们和蔼亲切、热情真诚的朋友。这是因为外宣翻译的效果不是王婆卖瓜，靠自吹自擂，而是靠

"以理服人、以情感人"。中国在外国最有说服力的发言人不是中国人自身，而是了解中国实况的当地人。长期以来，由于西方媒体的误导与我国外宣工作的力度不够、方法不当，西方普通民众对中国认识普遍不深，甚至有片面与敌对的方面。因此，我们的外宣翻译工作应充分考虑到读者政政治在外宣翻译政治生态的政治作用与角色，努力吸引外宣读者的兴趣，将真实的中国还原给外国受众，从而获得他们的认同、支持与理解。

第四节　外宣翻译政治生态之运行机制

外宣翻译之政治生态系统是基于宽泛意义的政治概念，即对他者的某种影响与作用而建立的外宣译文生成机制与译文话语评析框架。外宣翻译之宏观、中观与微观政治生态涉及无机政治生态与有机政治生态两大体系，涵盖了狭义上的、真正意义上的政治要素，如国家主权与利益、国家体制与制度、意识形态与思想，与广义的、非常规理解的、以影响作用为前提的政治要素，如语言、文化、赞助人以及译者与读者受众等。这些因素既独立运转，又相互联系或制约，从而构建出一个动态演变的外宣翻译政治生态系统（见图五：外宣翻译政治生态系统及其运用机制）。

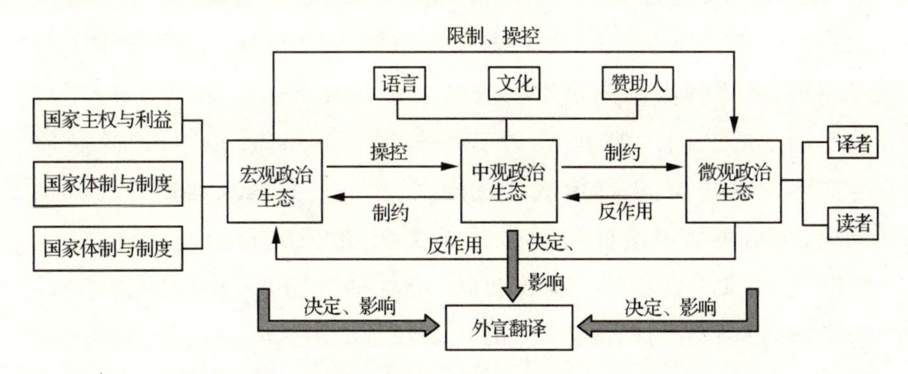

图五　外宣翻译政治生态系统及其运用机制

从上图可以看出，外宣翻译是外宣政治生态系统中宏观、中观与微观因素共同作用的结果，而这三个外宣翻译的政治生态子系统彼此之间并非独立，而是存在一种作用与反作用的相互关系。宏观政治因素虽然能操控语言的输出与表达、文化的传承与呈现、赞助的对象与强度等中观政治因素，但同时也受制于中观政治因素。不论是国家主权与利益、国家体制与制度还是意识形态与思想都需要通过语言符号来表达，并通过“言外之力”来得以实施。一个民族的文化是一个国家得以建立与维护统治的根基与底蕴，也是国家制度设计与主流意识形态形成的依据。而赞助，不论是先进思想理念的推广宣传还是经济上的支持帮助，都会对国家体制与政治思想方向产生巨大的影响。因而外宣翻译中观政治因素对宏观政治因素的制约作用不容忽视。宏观与中观政治因素凭借其“泛在性、强制性”（似乎无处不在，无所不能）对微观因素，即译者与读者受众及其翻译行为进行限制与操控。与此同时，译者与读者受众又通过个体认知、个性审美、个人喜好等主观性、主见性与主体性行为与实践来反作用于中宏观政治生态要素，给外宣译文带来灵活性与不确定性的特质。

根据外宣译文的形成流程，我们也可以描绘出外宣翻译政治生态系统中外宣译文产生与消耗的“食物链”（见图六：外宣译文“食物链”）。外宣部门为了达成自身的外宣目标，起草制作了外宣原稿，外宣译者在原语宏观政治生态环境下接受任务，按照中观政治因素之赞助人要求，对外宣原稿进行政治维、语言维、文化维与交际维的转换，进而形成外宣译文，然后外宣译文返回外宣部门审核，最后再呈现给目的语读者与受众，形成完整的外宣译文“食物链”。在此“食物链”形成期间，泛在的外宣翻译宏观与中观政治生态始终作用于“食物链”的各个环节，确保外宣翻译目标的有效达成与外宣效果的最大化。外宣翻译政治生态的各组成要素就是这样围绕优质外宣译文的产生而作用于“食物链”各环节，同时彼此之间相互影响来维系整个外宣翻译生态系统的运转，并促进外宣主体的外宣目标转化为预期设定的外宣效果。

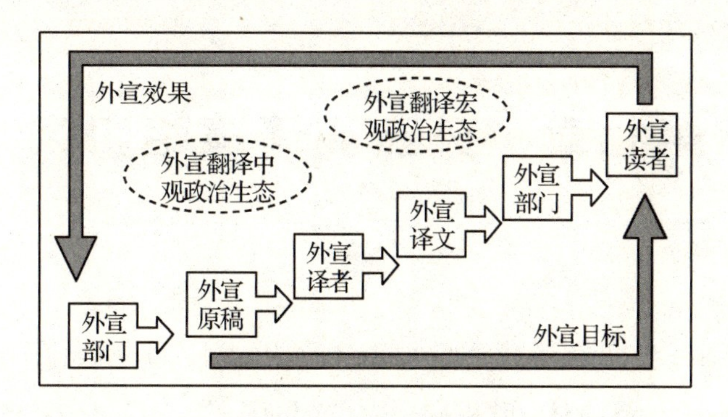

图六 外宣译文“食物链”

第七章 外宣翻译策略研究

近年来，我国经济社会发展取得了历史性的突破，中国已经成为世界第二大经济体、世界第一大贸易国、第一大游客来源国，我们提出了“一带一路”发展构想，牵头成立亚洲基础设施投资银行，标志着中国已经开始制定国际游戏规则（黄友义，2015：5）。换言之，我们已经站在了国际舞台的中央，我们对外宣传的受众由对中国学感兴趣的精英读者或研究者转向一般的海外民众，我们该如何适应外宣翻译政治生态来开展外宣翻译工作，从而引导国际舆论、传播中华思想、展示中国文化呢？这既涉及对国际传播与对外宣传游戏规则的整体审度，更体现在外宣翻译宏观策略与微观技巧的综合运用之中。

外宣翻译策略是外宣译者在将外宣翻译原稿转化为“三贴近”外宣译文过程中所运用的思路、方法与技巧的总称，也是外宣译者选择性适应整个外宣翻译政治生态系统而采取的译文谋篇布局思路与语言表达组织方式，是影响外宣译文产出顺利程度与最终质量好坏的重要因素。外宣翻译的宏观、中观与微观政治生态往往要求外宣译者通盘考虑外宣翻译的国家需求、外宣行业要求、外宣译者自身理解与外宣翻译技巧等综合策略的运用才能更好地实现外宣译文的传播效果，提升我国话语权与文化软实力。

首先，外宣翻译政治生态要求外宣译者充分表达并传递出国家传播主体的政治需求。国家层面的外宣翻译是为了通过有关我国信息内容的翻译转换和输出传播来宣传我国的大政方针、外交策略与社会主义建设的成果，进而体现社会主义制度的优越性。

然而一味地强加政治理念或者直接输出意识形态思想又会招致国外受众的排斥与反感,如何在外宣翻译中做到“润物细无声”地传译出我国的政治概念、主张与意图,如何在强化政治意识的同时淡化政治色彩,通过建构自身话语权来提升宣传效果,这就是外宣翻译策略方面首先应该思考的问题。

其次,外宣翻译政治生态要求外宣译者统筹兼顾的宏观、中观、微观政治性因素与对外宣传从业规范。由于外宣翻译的政治性生态构成要素较多,涵盖了宽泛意义上的“政治”概念范畴,且对外宣译介活动与结果的影响与作用不尽相同,如何在外宣翻译过程中理顺该政治生态机制中彼此的关系与作用,又该如何结合对外宣传的行业规范与要求来发掘各政治性因素的意义潜势来在“向世界说明中国,让世界了解中国”的基础上“让中国走向世界,让世界走近中国”,从而实现外宣译文的“政治等效”(杨明星,2008;杨明星、闫达,2012;杨明星、李志丹,2015),这也是外宣翻译在策略上应该进一步探究的问题。

最后,外宣翻译政治生态要求外宣译者适时采用“增、删、改、编、写”等多种翻译技巧来实现外宣效果。外宣翻译在操作层面上最终需落实为具体的翻译行为与译文文本的敲定,常常需要根据外语受众在意识形态、思维模式、审美接受、文化习俗、宗教信仰等方面与汉语的不同来对外宣原文进行调整、改编与译写来实现宣传目的,此时就涉及“变译”(黄忠廉,2000;2002a; 2002b)技巧的运用。外宣译者该如何打破外宣原文的局限与框囿,充分发挥自身能动性来译介传播原外宣材料所蕴含的与宣传主体所意欲传达的思想内容,同时照顾外宣受众的接受习惯,使外宣翻译活动的主体间性发挥到极致来达成外宣目标,这是外宣翻译在具体技巧上最终需要解决的问题。

第一节　外宣翻译之国家话语传播策略

外宣翻译要实现其预期效果与目标，外宣政治生态中最活跃的两个主体因素（即译者与读者）往往发挥着建设性的作用。在国内，政府主导的宣传活动是作为权威消息发布准确信息来源的渠道，而西方国家的信息宣传由于包含过多的政党政治说教、阶级利益维护等诸多的政治目的与诉求，西方读者对于他们政府所主导的宣传活动常持不信任的态度，他们反而更加偏爱非官方的“民间宣传”的形式。这种由对政府宣传信息的不信任而带来的“负迁移”效应往往导致他们对其他国家政府主导的宣传内容也持偏否定的态度与立场，所以在外宣译介与对外传播过程中，外宣译者不宜过分突出政治诉求，而应寻求贴近目标语受众需求但又不失我国特色的外宣术语与话语呈现方式来做到政治诉求的含而不露、思想内容的通俗易懂、语言形式的喜闻乐见，从而实现传播效果的最大化。

话语体系是思想理论体系和知识体系的外在表达形式，是一个国家文化软实力的重要体现与国际影响力的重要指标。习近平总书记在2013年8月全国宣传思想工作会议上明确指示要“加强话语体系建设，着力打造融通中外的新概念、新范畴、新表述”。外宣译者应该利用对外沟通的机会，发挥自身的语言优势，重建外宣话语、创新表达方式，逐步建构并完善“融通中外的话语体系”（贾毓玲，2015：93），向国际社会展示我们的道路自信、制度自信、理论自信、文化自信，减少外宣翻译由于文本的内宣特色太浓而被国外受众拒之门外的尴尬。融通中外的话语体系建设是形成我国积极外宣格局的关键性一环，也是外宣翻译政治性的要求，这就意味着外宣译员需要承担起更大的对外文化沟通责任，严格遵循外宣话语体系建设的一些基本原则与策略，有效提高中国话语权，从而更好地维护国家利益。

一、普及中国文化知识

在外宣翻译过程中，译者应积极普及中国文化背景知识与具有中国特点的词汇表达形式，消除外语受众因为生活工作环境与历史人文背景的差异而带来的疑惑与误解，这也是外宣译者适应整个外宣翻译政治生态体系的必然要求。前英中了解协会主席费里克斯·格林（Felix Green）所做出的善意提醒："每一位从事对外宣传的作者、翻译、编辑都应在他们的写字台上放一个标语牌，上面写着：'外国人不是中国人'"（转引自：唐润华，2005：53）。正因为如此，更加必要通过外宣翻译向外国读者介绍、普及中国文化知识。比如，儒学中的"君子"与医学中的"气"对外翻译时不能机械搬用"gentleman"与"air"，否则外语受众很难理解我们真正要表达的含义，所以我们采用"*Junzi*（a man of virtue）"与"*Qi*（the vital energy）"来尽量再现中国文化的底蕴，同时增强译文的可读性与读者对中国文化词汇的了解。

中国典籍博大精深，也是很多外语读者，尤其是研究者与汉学家感兴趣的对象，对于西方读者不太熟悉的典籍进行翻译时，一定要充分考虑到其理解与接受、达到积极推广中国传统文化的目的。比如，《国语》一书，虽然有译本为 *Sayings of the States*，但该译名似乎有些理解障碍，而且没有把该书的内容——"春秋时期八个诸侯国君臣论证的相关言论"真正传达到位，也就没法让外语受众真正了解该书的价值。因而，无论是从翻译与理解还是从普及与推广的角度来说，都有改进的余地。于是在后来外宣过程中，译者根据对该书名的正确理解将其改译为通俗易懂的名称，即"*Discourse on Governace of the States*"（陈海燕，2015：16），极大地推动了该书的普及与传播。

作为外宣翻译宏观政治生态的重要组成部分，党的政治文献与话语是当代中国文化知识的重要来源，也是外宣翻译与报道中常见的翻译对象与题材，外宣译者需要保持高度的政治敏感性，不断跟踪党的话语体系建设推进工作，发挥语言优势将党的有关文献与话语知识介绍给外国受众。比如，党的十八大提出把中国特色社会主义事业总体布局从“四位一体”扩展为“五位一体”，即经济建设、政治建设、文化建设、社会建设、生态文明建设，“五位一体”随即成为一个广大媒体竞相报道的概念。在对外宣传与翻译报道时，我们既要普及“五位一体”的概念，更要体现其中的内容，即“哪五位?”“哪一体?”以及五方面的建设要“齐头并进，不能偏废”的言外之意。因此，外宣译员需要通过外宣译文“China's five-pronged approach (i. e., by means of economic, political, cultural, social, and ecological progress) to building socialism with Chinese characteristics”来一一回答以上问题，从而为外语受众“扫盲”，并促进中国政治话语的国际传播。又如，“无党派人士”倘若直译为“people without party affiliations”(没有参加任何党派的人)则不能准确说明这些人的身份、地位和社会影响力，因而也就不利于帮助外国人了解中国共产党联系哪些人，为什么联系这些人。在中国的政治词汇中，“无党派人士”不等于“群众”，而是作为党的统一战线组成部分的一批特定的社会名人、杰出人士。如果翻译成“personages without political party affiliations”或“prominent citizens without political party affiliations”就更能清楚地告诉外国人“无党派人士”在中国社会的身份地位(黄友义，2015:6—7)。

二、展示中国文化元素

外宣译文需要尽量做到明白易懂，帮助外国受众了解、理解中国，但绝不是放弃我们自己的主见与声音，而是要更加精心地选择和保持中国文化的背景和语言的特色，把中国特色术语与专名翻译好来对外传播，尤其是需要把一些反映中国文化思想、学术概念与中国领导人讲话风格、具有时代特点的表达方式翻译好、传播好，以向世界展示中国文化元素，并努力保持和发扬中国语言风格（黄友义，2015：6—7）。

作为外宣翻译中观政治生态一部分的中国文化元素往往表现为中华思想文化术语。中华思想文化术语是指固化为一定形式的，由中华民族主体所创造或构建的凝聚、浓缩了中华哲学思想、人文精神、思维方式、价值观念的概念、命题和文化核心词。它们是中华民族千百年来对自然与社会进行探索和理性思考的成果，是中华民族最独特的精神标识，蕴含着中华民族最深层的精神追求（陈海燕，2015：13）。这些术语往往具有核心性与基础性，是理解中华思想文化的敲门砖，如“道”“一”“仁”“义”“德”“阴”“阳”“神”等。外宣译者如何用精简的文字、准确的翻译来世界诠释这些术语将有助于外语读者更全面地了解中华民族和中华思想文化、推动中外文化的交流与融合。

比如，“龙”在中国往往代表了封建皇权或是雨神的化身，中华民族很早就有龙图腾与龙崇拜的记载，而且一直以“龙的传人或子孙”而自居，因而中国“龙”与西方代表邪恶力量、长有翅膀的“龙”有着本质的区别。由于中国“龙”与西方“龙”在外形与象征意义上的这种巨大差异，在对外译介传播时就不能照搬英文的“dragon”，而适宜采用音译的形式来展示中国文化元素，即译为“*long*”。考虑到英文中，已有单词“long”（长的），为了避免拼写上混淆，国内有很多学者经研究认为可以改译为“*loong*”，如（黄佶，2006；关世杰，2009；熊启煦，2011）。且不说“*loong*”是否是完全可以被接受，但是这种译文至少不会让人联想到“dragon”这样邪恶的怪物形象，这种译法是在权衡中西文化差异的基础上充分展示中国文化元素的有效尝试。

在政治文化领域，我国有很多弘扬汉语语言风格与展示中国政治文化元素的鲜明例证，比如“一个中心，两个基本点”被译为“One Central Task, Two Basic Points”，“三个代表”译为“Three Represents”，“四项基本原则”译为“Four Cardinal Principles”，“八荣八耻”译为“Eight Honors and Eight Disgraces”，“国十条”译为“Ten State Measures”，“三严三实”译为“Three Stricts and Three Earnests”，如此等等，不胜枚举。所有这些外宣译文都是依据汉语文化术语的表达形式与独特运用来进行理解与翻译的，有助于向国外受众展示中国文化的政治生态、传播中国文化资本、再现汉语的风格与中国的文化元素，从而强化了中国话语权的建构。

三、解释中国文化事物

中国有着五千多年的文明史，中华民族在这五千多年的历史长河中逐渐形成了自身独特的思维模式与表达习惯，在对外翻译时要考虑到向外语读者解释说明中国事物这种独特性的特质，避免对方的疑惑、误解与误读。比如，我们倡导的政府“廉政建设”也一直是各国人民所普遍关注的共同话题，在我国的外宣材料中曾被译为“construct clean politics”，但由于英语中“construct”一词多用来指工程项目建设，而“politics”又含贬义，多指官场或职场的不正之风，如明争暗斗的办公室政治“office politics”，这样的理解完全违背了“廉政建设”的内涵。因此，我们在外宣翻译时需要采用了阐释性的翻译文本，如“build a clean and honest government”来让外语读者理解中国政府的这一举措完全是为了提高政府的办公效率、更好地为人民服务。再如，我们有些景区会有“向文明游客学习”的号召标识语，目的是为了让大家生态出行、文明旅游。这本是一个良好的意图，但如果译成“Learn from Civilized Tourists”或“Solute the Civilized Tourists”，老外可能会有这样的疑惑：你们中国不是文明古国，为何还要说“向文明的游客”，难道是有很多“不文明的野蛮（barbarous）游客”存在？为了避免这样的误解，实现正面积极的外宣效果，外宣译员是否可以考虑将其译为“Solute the Well-mannered（Tourists）！”来跨越这种认知理解障碍，实现传播话语的中外融通。

政治领域的外宣翻译涉及外宣翻译政治生态的中观与宏观维度，更需要耐心的解释与悉心的处理才能使外宣译文发挥预期的效果，并避免政治误读、政治纠纷与不必要的麻烦。比如，邓小平同志曾提醒国人不要在国际上扛旗、不要试图当头，而要集中精力办好自己的事，认认真真发展中国的经济，即做到"韬光养晦"。有外国媒体在报道时将其翻译成"hide one's capacities and bide one's time"（暗中隐藏实力，有朝一日东山再起），给世人以中国"阴谋论"的错误印象。而作为中国的外宣译者，需要充分把握"韬光养晦"这四个字的内涵与用意——"低调行事"，故而适合翻译成"keep a low profile"来规避政治误读、误导。这两种翻译代表了对中国外交政策俨然不同的两种解释，"我们的翻译是想表明中国要发展自己，不四面出击，奉行和平外交。而照他们的翻译，中国实施的就是一种阴谋外交。"（黄友义，2015：6—7）因此，我们的外宣译者须尽力把外宣翻译的过程变成解疑释惑、消除误解的过程。

与此同时，我们在对外解释的过程中要谨防过度宣传带来的负面效应。中国政治话语体系对外传播最大的问题之一就是宣传味太浓，正如新华社对外新闻编辑部主任严文斌所说，"政治传播最重要的就是对内动员、对外阐释。在对外传播中，如果把对内动员的东西不加过滤地进行传播，不但起不到正面效果，相反还可能在海外助长中国威胁论"（转引自：贾毓玲，2015：95）。在翻译中如何淡化和减少生硬甚至强加的宣传味道，是外宣翻译的一个难题。例如，《求是》中文版 2014 年 15 期《学好强军理论、干好强军事业》一文中有"建设什么样的军队、怎样建设军队，打什么仗、怎样打仗"的表述。如果我们将"打什么仗、怎样打仗"按照原文直接译作"What war will China fight and how will we fight it"，就会让外国人觉得中国想打谁就打谁、想怎么打就怎么打，这与我国和平崛起的承诺是背道而驰的，只会助长"中国威胁论"（贾毓玲，2015：95）。为了避免或减少负面影响，译文需要做迂回处理："What war will China be called upon to fight and how should this war be fought?"译文通过增加词汇"be called upon",并使用情态动词与被动语态,说明我们打仗不是主动发动战争,而是出于客观需要被迫去打仗,就像抗日战争一样。这样的外宣译文采用了迂回委婉的解说方式,避免了在对外传播过程中不必要的负面影响,自然更能为外国受众所理解与接受。

四、照顾外语受众接受

外宣翻译受众是外宣翻译政治生态"食物链"上的终端消费者,外宣翻译最终要落实到受众对译文的反馈以及对中国的态度及其行动上,因此外宣译者在充分展示中国特色的同时也要兼顾外语受众的喜好与接受。为此,外宣译者可以基于传播学中"地理性贴近"和"利益性贴近"原则(黎信,2009:160—161)来组织语篇与话语传播策略,合理巧妙地表达出中国事物、中国文化与中国元素。比如,当宣传江南水乡苏州时,我们可以采用"地理性贴近"原则,将其翻译为"Suzhou, the Oriental Venice"来拉近中西在地理空间与认知思维上的距离,迎合受众的理解与接受。同理,电影奖项"金鸡奖"可译为"the Golden Rooster Award, China's Oscar",爱情故事"梁山伯与祝英台"可译为"Chinese Romeo and Juliet—A Love Story of Liang Shanbo and Zhu Yingtai",河流"雅鲁藏布江"可译为"Yarluzangbu River, the upper reachers of Brahmaputra River①"。

---

① 我国境内的雅鲁藏布江是印度布拉马普特拉河(Brahmaputra River)的上游,河流发源于中国西藏,从藏南进入印度。雅鲁藏布江在藏南巴昔卡附近的印度阿萨姆邦境内与其他两河合流后始称布拉马普特拉河。由于英国曾对印度实施过很长一段时期的殖民统治,对英语受众来说,他们更熟悉"Brahmaputra River"这一称谓,因此在译文后加上了同位语的解释,以便于读者接受与了解。但是雅鲁藏布江作为我国疆域内的河流,不能直接用"Brahmaputra River"来翻译,我们必须坚持"名从主人"的原则,优先应采用符合我国命名方式的称谓,这涉及我国主权问题,也是外宣翻译政治性的重要体现。

关于"利益性贴近",外宣译者在外宣报道过程中要选择外语受众可能感兴趣话题或者习惯的阅读方式来对外宣原文进行适当的调整与改写。比如,对于外国游客来说,旅游景点的诗词歌赋与夸张描述意义不大,他们更在乎景点介绍中的信息性内容,因此在翻译时就可适当删除华丽的辞藻与繁杂句式,紧扣受众的利益需求对原文进行改写与编译。例如:

例 15 原文:这里三千座奇峰拔地而起,形态各异,有的似玉柱神鞭,立地顶天;有的像铜墙铁壁,巍然屹立;有的如晃板垒卵,摇摇欲坠;有的如盆景古董,玲珑剔透……神奇而真实,迷离而又实在,不是艺术创造胜似艺术创造,令人叹为观止。——《武陵源风景》

译文:3,000 crags rise in various shapes—pillars, columns, walls, shaky egg stacks and potted landscapes—conjuring up fantastic and unforgettable images.

有时,外宣译者有需要根据"利益性贴近"原则来适当补充背景材料,使译文符合外宣翻译政治生态接收终端对新信息的理解与了解。比如,我国各类财经报道中常提到"积极的财政政策"和"稳健的货币政策",这两个概念如果简单翻译成"a proactive fiscal policy"与"a prudent monetary policy"就显得过于宽泛,外国读者是很难理解的。因而在对外译介宣传时应适加补充来实现外语读者相对准确的理解,如分别译为"China will continue to implement a proactive fiscal policy in increasing fiscal spending to stimulate domestic consumption, spur private investment and expand exports"与"It will also conduct a prudent monetary policy in closely watching economic fluctuations and responding accordingly",使之成为国际传播中"无障碍"阅读的材料(李雅芳,2015:12)。

要真正照顾外语受众,还需要掌握一定的外语表达在中国的固定译文,从而有助于我们在外宣翻译过程中通过回译来实现译文的地道性与接受度,让译文受众在阅读时获得一种亲切感与熟悉感,从而对外宣译文"好之、知之、乐之"(许渊冲,2006)。比如,我们常说的"国际化大都市"如果译为"an international city"对英语读者来说就显得比较突兀,因为"国际化大都市"实际上是英语"cosmopolis"的汉语译文形式,在对外宣传时需要回译为英语中地道的表达才能产生很好的传播效果。比如,环保术语"森林碳汇"应回译为"forest carbon sink",人口学术语"人口红利"应回译为"demographic dividend",社会学术语"社会保障网"应回译为"social safety net","人口抚养比"应回译为"dependency ratio"等。又如,"新常态"虽然是"习式热词",但也完全可以借用经济学新常态还原翻译为"the new normal"(贾毓玲,2015:94)。通过此举,国外受众才能感受外宣译文语言的亲切感与术语的专业性,提升传播效果。

构建融通中外的话语体系有利于增强对外宣传话语的创造力、感召力和公信力,让外国读者受众能及时了解中国政策、中国立场、中国观点,从而起到解疑释惑、促进了解、提升友谊的效果,为我国经济社会的发展营造良好的国际舆论氛围。国家主导的外宣翻译主要涉及中国思想文化与政治话语体系的对外译介与传播,它们是我国对外话语体系的核心,集中体现了中国传统文化思想与我国党和政府的执政理念和治国经验。准确全面地对外译介这些文化政治文献,"打造融通中外的新概念、新范畴、新表述,帮助国际社会正确理解中国在政治、经济、外交、文化等方面的路线、方针、政策,增强外界对中国发展的理解、提升中国特色社会主义道路的国际认同、提高国家文化软实力,这将是今后对外翻译工作的重中之重"(黄友义、黄长奇、丁洁,2014:5)。为此,作为外宣翻译政治生态中最活跃的外宣译者需要通过遵循"普及中国文化知识、展示中国文化元素、解释中国文化事物、照顾外语受众接受"的策略来对外宣原文进行改写与传译,真正实现话语的融通、思想的交汇与宣传效果的达成。

第二节　外宣翻译之政治等效策略

外宣翻译不是纯粹的中译外实践活动,而是一种注重传播效果的对外传播形式,兼具翻译学与传播学的双重学科属性,是翻译实践与传播实践的耦合(朱义华,2013)。外宣的传播效果与政治影响在很大程度上取决于外宣翻译的质量,而外宣翻译的质量又取决于外宣政治生态中外宣译员的素质与外宣读者受众的反馈。所以,要提高对外宣传工作的成效,就等于要提高外宣译员的外宣意识与外宣策略运用技巧,使译文在外语受众身上产生预期的作用与效力,从而实现外宣翻译功能上的期待与政治上的等效。

一、政治等效策略

政治等效策略是基于国家主导的外宣翻译活动的政治敏感性与民族独特性、在充分吸收借鉴奈达"功能对等"理论精华的基础上提出来的外宣、外事翻译指导原则,其内涵是:一方面,必须准确、忠实反映源语和说话者(即外宣传播主体,笔者注)的政治思想和政治语境;另一方面,要用接受方所能理解的译入语来表达,使双方得到的政治含义信息等值,使译文能起到与原文相同的作用和交际功能(Yang,2012:5;杨明星,2008:94)。政治等效翻译原则具有三个突出的特点,即政治性(对源语政治内涵的把握)、动态性(对语境意义的动态性把握)和平衡性(在对源语的忠实度和目标语的接受度之间保持平衡)(Yang,2012:5)。该原则是指导外宣外事翻译最重要、最基本的一条原则,对外宣译者该如何来权衡、适应外宣翻译政治生态各要素而做出最佳的语言选择提出了很高的要求与挑战。根据该原则,外宣翻译不仅要关注概念意义,还要分析其语境意义和政治内涵(杨明星,2014:104)。为此,外宣译者必须不仅要忠实原文的意义，还要忠实原文的功能与政治诉求，严把语言关、文化关与政治关，从而实现外宣翻译的本体价值追求与目标。

政治等效策略的提出最初主要针对外事外交领域翻译中的政治敏感性话题与术语，如领土、主权、人权、外交等的翻译，要求译者在此过程中进行清楚、准确、到位的传达，坚持国家利益的至高性与外事事务的严肃性，将其中的政治效果传达到位。这一策略同样适用于国家层面的外宣翻译，因为国家主导的外宣翻译不仅涉及外宣译者的语言水平与外事能力，更是牵涉国家利益、政治立场、政治责任感等严肃政治问题。政治等效策略既强调内容信息、文体风格传达的对等性与动态性，也突出外宣翻译在政治角色与效用上的特殊性。可以说，政治等效策略是动态对等理论在外宣翻译领域的灵活性运用与创新性发展。

二、外宣翻译之政治效果与追求

外宣翻译的双重学科属性使得它不仅遵循翻译学的基本规律，还同样遵循传播学的一般规律。美国传播学先驱 Harold Lasswell 提出的“传播五要素准则”认为，任何传播行为都包括这一模式，即：谁（Who）→ 说什么（says What）→ 通过什么渠道（in Which channel）→ 对谁（to Whom）→ 取得什么效果（with What effects）（转引自：张健，2004：177）。此处的效果即传播效果是检验传播活动成败得失的重要尺度。我们开展外宣工作要努力达成的效果或者说我国对外宣传的主要任务，概括地说，“就是要增进世界各国人民对中国的了解和友谊，加强各国同我国在经济、技术、文化、政治等方面的合作，在国际上塑造我国的正确形象，维护我国最高的国家利益”（沈苏儒，2004）。这一政治上的目标与追求是所有国家层面上外宣工作的出发点与落脚点，也是外宣翻译意识与策略运用的本体与核心内容。如果我们的外宣材料通过翻译不但不能达成上述效果，反而招来外国读者的困惑，甚至是误解的话，我们的外宣工作就是失败的。因此，外宣翻译材料的实际传播效果与政治效用，或者说外宣翻译的本体论考量，应该成为检验外宣翻译工作成效的首要标准。

国家层面的外宣翻译活动就无异乎是一项传播主体国向传播受众国所进行的一场对外政治活动。而这一活动中的翻译与一般意义上的翻译有两点区别：政治上的高度敏感和用词分寸的把握（徐亚男，2000：35）。因此，外宣工作者应逐步提高自身政治意识的敏感度，明确对内、对外宣传的语言差异性以及文化传播与互动交流的责任感，既强化外宣政治意识，又淡化政治宣传色彩，既实现对外宣传工作的政治等效，又达成传播效果的最大化。

三、外宣翻译中的政治等效策略

作为国家对外维护主权利益、建构国家形象与统治阶级对外宣传政治主张、提升政治话语权的手段，外宣翻译自然脱离不开与政治性因素的关联，同时也在或隐或显地对外宣传着一种政治制度、一套政治理念与一些政治主张（朱义华，2016：19）。为此，外宣译员必须仔细琢磨并领会外宣翻译宏观与中观政治生态诸要素以及微观政治生态中读者受众对外宣译文可能产生的政治作用与建构意义，把外宣翻译的过程理解为外宣翻译政治生态因素"复调对话"的一种体现，明确树立"外宣政治意识"，并运用各种翻译与语言技巧来实现外宣译文的交际等效与政治等效。

外宣政治意识主要是指外宣译者应保持清醒的政治头脑，特别是对政治敏感话题以及有中国特色的政治术语要有清楚的认识，通过翻译逐步构建出具有中国特色的话语体系。这是因为话语是掌握这个世界的关键，它直接牵涉着知识，而更为隐蔽地牵涉着权力，话语体现出来的实际上就是权力，或者说话语的实质就是权力（Foucault，1984：120）。在应对外面的世界过程中，我们要时刻关注汉语话语权问题，尤其是翻译工作者，要主动地、有意识地构建汉语话语权（孙广治，2011：110）。这不仅仅是外宣工作者个人的水平与责任感问题，更是关乎国家政治与话语权运作的宏观政治问题，也是实现外宣译文政治等效的重要前提。

外宣政治意识首先要求外宣译者保持高度的政治敏感性，切实维护国家主权与民族利益。譬如，由于亚太经合组织包含我国的香港与台湾地区，故“亚太经合组织全体成员”不能简单模仿全部由主权国家所构成的“联合国全体成员”的译法译为“all member states of APEC”，而应译为“all member economies of APEC”或“all members of APEC”。又如，日本政府领导人不顾中国和东南亚国家人民的情感而贸然去供奉着甲级战犯的靖国神社参拜中的“参拜”一词就不能简单处理为“visit”，而适合直接外借日语表达“sanpai”来实现其政治上的等效，因为参拜靖国神社不是简单的一次拜访或参观，是对饱受二战痛苦与日本侵略的国家的极大不尊，是对历史事实的置若罔闻，是对国家社会秩序的公然挑衅，清晰地描绘出了日本军国主义势力的抬头与狂热，同时也揭露了日本多届政府“拜鬼”的居心叵测（杨明星、李志丹，2015：91）。由此可见，外宣政治意识，从译者本身来说，是一个关乎其政治灵敏度与责任感的职业操守问题，而从政治等效的立场来说，更是一个牵涉国家主权宣示与国家利益维护的关键性政治问题，是外宣翻译政治生态各要素政治性的综合体现。

其次，外宣政治意识要求外宣工作者深入了解具有我国特色的政治词汇，准确把握并传译我国的政治术语，而不能生搬硬套、人云亦云。“外事工作必须注意掌握用词的政治含义和政治分寸”（过家鼎，2002：59），这主要涉及政治意识的深度问题。比如，在《习近平谈治国理政》的英文版中，“构建新型大国关系”被译成“build a new model of major-country relations”，其中“大国”被译成了“major country”而不是“major power”，因为它们会使人容易联想到西方列强“Western powers”与强权政治“power politics”，这与我国“永不称霸”的政治主张格格不入,在政治效果上完全与本意相背离。而“major country”是中性词,符合中国国情,与汉语词汇“大国”在语言形式与文化内涵上实现了高度统一(杨明星,2015:101—104)。又如,有些西方国家经常会利用对媒体的主导权来对我国的内政外交进行随心所欲的报道或出于某种政治目的对我国领土、领海或领空发动挑衅,不但使两国关系蒙上了阴影,而且还严重伤害了中国人民的情感,我们在对外报道“伤害了中国人民的情感”时要注意把捏政治等效的原则,如简单处理为“hurt the feelings of the Chinese people”就明显不够准确,忽视了其中的政治含义,而译作“wound the national dignity of the Chinese people”则在政治轻重感上拿捏比较到位,能够达到政治等效的功用。中国的内政外交自然不需外国的肆意干涉与胡言乱语,中国的领土、领海、领空等主权完整性是不容丝毫践踏的,外宣译者应时刻牢记这一点,并在外宣翻译中应坚持用政治等效的标准与原则来传达内容意义之外的政治声音,切实维护国家主权与民族利益。

作为我国当前外宣工作的主要载体与实现形式,外宣翻译效果的好坏直接关系到我国对外宣传工作的成败和国家形象的建构,其重要性不言而喻。为了实现外宣工作提升我国积极形象,维护我国最高利益的这一本体论目标,外宣翻译工作者必须具有清醒的政治意识,在选择适应外宣翻译政治生态的过程中始终把政治等效策略放在优先位置,从而确保我国外宣事业的正确政治方向与立场。因此,外宣工作不但要讲政治,而且还要有深度,只有明确了其精髓,深刻认识到外宣翻译政治生态的运行机制,并且把握好政治等效的策略才能真正把外宣工作做好。

第三节　外宣翻译之技巧运用策略

国家话语体系与政治等效原则是从事外宣翻译的整体要求与宏观策略,它们的确立有利于指引外宣翻译实践沿着国家传播主体的预定外宣目标来实施，也有利于借鉴相关学科研究成果与语篇组织策略来传达外宣翻译的效果与意图。在外宣译文具体产出的过程中，外宣政治生态系统的各因素会或隐或显地限制外宣译者主体性的发挥。为此，外宣译者需要运用灵活的翻译技巧才能达成预期的传播效果。

一、变译技巧的运用

根据变译理论倡导者黄忠廉先生的观点，变译是指“译者根据特定条件下特定读者的特殊需求采用增、减、编、述、缩、并、改等七种变通手段摄取原作有关内容的翻译活动，包括十一种具体手段：摘译、编译、译述、缩译、综述、述评、译评、改译、阐译、译写和参译”（黄忠廉，2000：5）。变译是为特定条件下特定读者而译，是为了满足其特殊需求，不像全译那样为所有读者译出同一种译本，它具有很强的针对性。为了实现外宣翻译的传播效果，外宣译者不得不根据特定情景中外宣翻译政治生态各要素的“政治”作用而适时采用或增、或减、或编、或述等各种变通手段，而不是亦步亦趋地在翻译。正因为如此，变异策略的运用对外宣翻译的实践活动具有很直接的指导作用与适用性。

变译力主变通原作的内容或形式，求得信息传播的最佳效果（黄忠廉、李亚舒，2004：57）。因此，变译技巧的运用赋予了外宣译者更大的自由处置权，使外宣政治生态中译者的主观能动性能得以有效的发挥。变译“首先打破的正是原作的疆域，译者入乎其中、出乎其外，根据特殊读者的需求，同时发挥自己的主体意识，对原作或删、或增、或缩、或写、或改、如此等等。这是与全译不同的发挥译者主动性、积极性、目的性、创造性的一种翻译活动，它解放和挖掘了读者的潜力。”（黄忠廉，2002a：66）也就是说，变译策略与技巧的运通既有利于外宣政治生态中译者发挥自身能动性来译介传播原外宣材料与宣传主体的思想内容，又照顾了外宣政治生态中读者受众的接受,使外宣翻译活动的主体间性发挥到了极致。

比如,在我国的宣传工作中经常会遇到一些诸如"一场没有硝烟的战争""白衣战士""扶贫攻坚战"等有中国特色的比喻,在外宣翻译时如果直译为"a smokeless battle","white-coated soldiers","poverty-relief battle"将会带有浓厚的"战争"色彩,国外受众理解的政治含义很可能是"中国好战","无意中为西方媒体鼓吹的'中国威胁论'推波助澜"(张健,2010:417)。为此,外宣译者在翻译时应根据这些隐喻表达的实际内涵与"内外有别"的原则来删除其中形象化比喻带来的负面影响,将其译为"invisible efforts","medical workers","poverty-relief campaign"来"去其火药味",做到"传而不宣"。又如,由于我国世界经济发展的重要贡献与对国际公平正义的切实维护,我国媒体经常会报道中国的崛起对世界来说是一个机遇,而不是威胁,但其外宣译文"China's rise"却往往让国外受众难以相信这是真的,因为"rise"一词在政治话题中往往代表一种硬实力的上升,或说是一种强势的崛起,这反而给国外敌对势力与别有用心者留下话柄。因此,外宣译者应该灵活变通,将其变译为无不良政治含义的表述方式,如变译为"China's emergence"(中国才冒出头),"China's development"(中国的发展)等低调的语言形式来淡化其政治上可能的负面效应,完全杜绝国际上不良用心者的刻意解读与误导。

二、跨文化交际技巧的运用

要传播好中国声音,外宣译者必须具有明确的跨文化交际意识,心中始终装着译文的潜在读者与异域文化,在外宣翻译中运用跨文化技巧来做到"内外有别",使外宣译文尽量找到不同文化、民族的认知交汇点。段连城(2004:78)曾指出,"我们不可低估外国读者或听众的智力,但也切勿高估一般外国人对我国的了解水平"。世界上许多国家、地区和民族在语言文字、风俗习惯、生活方式、价值观念、宗教信仰、政治态度等方面与我国不同,因此对外宣传不能套搬对内宣传的内容和方法,而应重视跨文化技巧的运用。对外宣传翻译工作需要对原文进行加工,动三种"手术"——镶补、减肥、重组(段连城,1994:195—214),这也是外宣工作中跨文化意识在操作技巧层面的具体体现。之所以要"动手术",用L. Venuti的话来说,主要是由于强势文化的排他性与强制性所决定的,"……当弱势文化的语言翻译成强势文化的语言(主要是英语)时,为了得到强势文化读者的接收与认同,就必须选用他们所乐于接受的内容和形式"(转引自:刘艳丽、杨自俭,2002:21)。

"镶补"就是补充跨文化外宣交流中外国读者与受众不懂的背景知识,包括人名地名、历史事件、中国特有体制、机构、典故、习俗、政治口号、术语等,这实际上也是"深度翻译"(thick translation)的一种体现。"深度翻译"又名"厚重翻译""厚翻译",该概念源起于美国著名人类学家格尔兹(Clifford Geertz)的"深度描写"(thick description),后来被美国哈佛大学非美文化研究中心的翻译学者阿皮亚(Kwame Appiah)引入翻译研究,提出了"深度翻译"的概念:"在翻译文本中,添加各种注释、评注和长篇序言,将翻译文本置于丰富的文化与语言环境中,以促使被文字遮蔽的意义与翻译者的意图相融合。只有采用深度翻译的方法,即深厚语境化的方法,在翻译文本中添加注释或术语注解,才能表现出源语言中丰富而深厚的语言和文化语境。"(Appiah,2000:427)从阿皮亚对"深度翻译"的界定可以看出,"深度翻译"对外宣翻译中文化语汇与传播主体意图的传译有着直接的指导意义,是对外宣翻译政治生态系统中语言政治、文化政治、译者政治、读者政治等诸多因素进行传达或沟通的有效方式。

"深度翻译"在外宣翻译中往往表现为"镶补"或曰"增译",从而实现传播意图或传播对象在跨文化语境下的顺利传达与接受,真正让宣传的内容走进国外受众的心中,达成对外宣传的传播效果。例如,"济公"尽管在中国可谓家喻户晓,但国外读者未必都清楚,故外宣时可增译为"Jigong, **the Chinese Robin Hood**",以帮助读者了解济公的侠义形象,而"汤显祖"可深度翻译为"Tang Xianzu, **China's Shakespeare**"则可让世人明白他对文学,尤其是对戏剧的贡献。同理,"曲阜"这座城市可适当镶补,翻译为"Qufu, **Hometown of Confucius**"来让人了解曲阜这座城市的文化重要性,同时也让国外受众了解孔子的家乡所在。"青岛"如厚重翻译为"Qingdao, **known as the Oriental Switzerland**",则可让国外旅游者在未到青岛前就能感受青岛美好的环境。"中国人民政治协商会议"可增译为"the Chinese People's Political Consultative Conference (CPPCC), **China's supreme advisory body**",以让外国读者明白中国的政治机构及其作用。"金钟奖"则可补充译为"the Golden Clock Award, **China's Grammy**"让世人明白中国也有"格莱美",即中国音乐界的最高奖项。如此等等,不胜枚举。所喜的是,国内部分宣传媒体早已开始注意到跨文化技巧运用的重要性,在外宣报道中早已采取了"深度翻译"这一策略。如下文对"七夕节"的厚重阐释与翻译就很好地照顾了外宣翻译政治生态中的国家政治与受众政治因素,使中国的情人节在异域文化中得以很好地接受与传播:

例 15 ... and the city (Guiyang) will lay on various activities such as tasting local fine teas, exploring the valleys and romantic tours catered to lovers during **the Qixi Festival, China's Valentine's Day, which falls on August** 7 this year. (*Beijing Review*, July 17, 2008)

跨文化交际技巧的运用有时又表现为外宣翻译工作者对原文的适度"减肥"与"重组""编译"与"改写",从而做到迎合外语读者的文化习俗、诗学观与接受习惯,使传播信息真正跨越文化障碍。这样做的目的最终是为了提高我们外宣信息的效度,让西方读者感到可信、在理、有说服力,从而改变他们对中国的某些传统观念，建立起“认同”机制（陈小慰，2007：60—65）。“减肥”是删节过分堆积的辞藻，使传播信息直接明了、浅显易懂；而“重组”则是在充分理解原文意图的基础上为传达出外宣效果而对原文进行的一种改写或重写。这两种技巧既可单独使用也可组合使用。中国外文局副局长黄友义在2015年第六届全国应用翻译研讨会就曾举例说明跨文化交际意识的重要性。他认为“共建面向未来的亚太伙伴关系”不应机械对译为“together building a forward-looking Asia-Pacific Partnership”，而可以借用“减肥”与“重组”策略将其表达为“shaping the future through Asia-Pacific Partnership”，以实现跨文化交际效果。

为了便于沟通与传达，外宣译者要时刻保持跨文化交际意识，心中时刻装着国外受众，在译介时不囿于原文的形式，而应“根据译语语言特点和译语受众的思维习惯，对原文再加工，有减有增，有编有改”（刘立，2012：21），从而保证外宣翻译的政治等效与传播效果的最大化。

三、资本输出技巧的运用

文化交流应该是双向互动的，我们不但要引进来，还要善于利用机遇走出去。外宣工作既要注重实效，迎合国外受众的接受，但绝不能唯唯诺诺，放弃自己的主见与声音。在多元文化系统中，弱势文化的边缘地位与强势文化的中心地位始终处于一种动态的演变之中，并非绝对。即便是弱势文化，在某一具体领域或某个具体时间内其作用很可能并非弱势，甚至可能在该领域或时期内演变成了绝对的强势文化。中华文化尽管历史悠久，但由于国际主流媒体的话语权被西方国家所控制，再加之我们之前过于强调文化“引进来”，文化“走出去”方面存在明显的逆差，所以在中西方文化交流中往往处于一种弱势地位。但近年来，随着中国经济总量的提升与国际政治地位的提升，中国文化的国际关注度与影响力明显增强，中国文化处于优势地位的概率大大提高，而这恰是我们"文化资本"得以输出的契机。文化资本输出技巧的运用实际上就是要求我们的外宣工作者抓住机遇，传播并弘扬我国的文化资本。这样，我们的民族身份与民族形象才能在世界上变得越来越清晰，文化软实力才能得以进一步提升。

外宣译者可以利用国际性政治、文化、经济、体育等领域的活动契机来推动外宣工作，将具有我国特色的文化资本推向国际市场，向强势文化移植我们的"文化种子"。比如，作为世界性的体育盛会，2008 奥运会是我们向世界展示中国形象和中国文化的重要契机，我们的外宣工作部门充分利用这一契机，有效地输出我们的文化资本。北京奥组委相关部门在奥运前夕所编制的《中文菜单英文译法》就是借机移植中国饮食"文化种子"的重要举措，如"包子""馒头""锅贴""冰糖葫芦"等这些典型的中国食品或小吃分别被直接译为"*baozi*"，"*mantou*"，"*guotie*"，"*bingtanghulu*"。该出版物的发行一方面规范了菜谱菜名的翻译，另一方面则通过这些具有中国特色的名小吃的翻译传播了中华饮食与汉语语言文化资本，让世界进一步了解中国。当然，奥运外宣翻译也有失败的教训，最典型的一例就是其吉祥物"福娃"译名的换易：由最初不伦不类的"Friendlies"①到最终回归音译名"*Fuwa*"。"福娃"音译回归不但简明通俗，更重要的是借此契机输出了我们的语言文字与文化资本，给"福娃"打上了中国"烙印"，更体现了一种自信的民族精神。据此教训，2010 世博会吉祥物"海宝"、广州亚运会的吉祥物"乐羊羊"与 2014 南京青奥会吉祥物"砳砳"的翻译就直接音译为"*Haibao*"，"*Le Yangyang*"与"*Lele*"。

---

① "Friendlies"作为"福娃"的英译被普遍诟病，该译文至少存在"三宗罪"：(1)从语法来看，"friendlies"似乎是由"friendly"变来的复数形式，但是英语里的形容词不存在单复数的屈折变化形式；(2)从构词法来看，"friendlies"似乎是由"friend"与"lies"构成的复合词，但这两个单词的意义"朋友"与"谎言"则明显存在矛盾的一面，而且也与我国对世界各地运动员与观众的友好欢迎态度格格不入；(3)从发音来看，"friendlies"的读音因为与"friendless"同音，可能会导致外国受众的误听误读，产生反面的宣传效果。

外宣资本输出技巧运用不但可以体现在国际、国家大事的契机上，也可落实到具体机构与组织的发展机遇之中，还可以发挥名人效应与物产优势等来输出文化资本。比如，坐落于江苏无锡的“江南大学”，其校名原译为“Southern Yangtze University”，且不说“southern”一词改为“south”会更加符合英语行文习惯，“southern Yangtze”对国外受众来说纯粹是个地理概念，所指的范围包括西南五省市大部分地区与长江中下游地区在内的广大长江以南区域，这与作为文化概念的“江南”及其所指地域范围明显不同。该校利用建校50周年纪念庆典之契机，将所有外宣材料中涉及校名的翻译全部改为“**Jiangnan** University”，在输出校园文化底蕴的同时，也重塑了学校的形象，获得了一致的认可。在我国，音译的高校校名比比皆是，如复旦大学（**Fudan** University）、上海交通大学（Shanghai **Jiao Tong** University）、中国人民大学（**Renmin** University of China）等。此外，我们还有很多成功的外宣翻译案例，如利用中国功夫电影的影响，我们输出了“kung fu”（功夫），利用中国饮食文化的影响，我们输出了“*jiaozi*”（饺子），利用中国体操队的出色表现输出了“*Bi*-Turn”（毕文静转体），“*Li*-Vault”（李小鹏跳）等，我们还输出了“china”（瓷器），“*hutong*”（胡同），“*tofu*”（豆腐），“Long time no see!”（好久不见）等等，不胜枚举。

不难看出，外宣翻译工作应注重正面、积极的实际效果，这是外宣翻译的本体论与首要原则，但注重效果并非意味着一味地去迎合外宣受众，外宣工作者要善于抓住契机来输出文化资本，促进文化互动，把我们的特色推向国际，逐步增强我国的话语权、文化软实力与国际地位。

变译技巧、跨文化交际技巧与文化资本输出技巧的运用是外宣译者选择性适应外宣翻译政治生态的结果，也是为了达成外宣翻译预期目的而采取的有效策略与手段。变译技巧落实外宣信息与意图的准确传达，跨文化意识保障外宣工作的接受度与宣传效果，而文化资本输出意识则推动着中国特色传统文化与现代文明成果的对外输出与文化软实力的提升,这是外宣翻译意识中三个既相互独立又相互联系的方法论维度,三者相辅相成,缺一不可。外宣译者只有基于外宣翻译的本体,统筹兼顾这三个方面,再加之自身优秀的语言修养与高度的责任感,才能更好地讲好中国故事、传播好中国声音、阐释好中国特色,从而推进我国的对外宣传工作再上新台阶。

第八章　结　语

翻译不但是当今世界社会生活中必不可缺的组成部分，而且是推动社会发展与民族文化交流的重要力量。在世界各国的政治行为实践中，翻译的作用都不容忽视，小到不同民族人们的个人交流与纠纷，大到不同国家之间的往来与战争，往往都需要依赖翻译才能最终解决。然而，“翻译并不是一种中性的、远离政治及意识形态斗争和利益冲突的行为，更不是一种纯粹的文字活动、一种文本间话语符号的转换和替代，而是一种文化、思想、意识形态在另一种文化、思想、意识形态环境里的改造、变形或再创作”（吕俊，2002：109）。因此翻译往往带有政治性，而外宣翻译，尤其是国家层面的外宣翻译，由于其传播国家的主体性、传播信息的异域性与传播方向的对外性，呈现出更为明显政治性。不同时代、不同国家的政府主体总是以各种不同的方式开展对外宣传，利用外宣翻译来实现其阶级统治与政治目的，维护其国家主权与民族利益，从而使外宣翻译带有强烈的政治色彩。

由于外宣翻译的政治性呈现出多维度、多层面、多领域的特征，外宣翻译政治生态环境也相应地具有较大的包容性，既有国家主权与利益、国家体制与制度、意识形态与思想等宏观政治生态要素，也有语言、文化、赞助人之类的中观政治生态要素，还有由整个外宣翻译生态系统中最活跃的译者与读者所构成的微观政治生态要素，涉及外宣翻译活动的无机生态与有机生态两大体系与生态和环境两方面的因素，他们之间的相互作用与动态维系是外宣译文产生、存在与发展的基础，也是运用外宣翻译策略来达成外宣翻译目标的主客观条件。

外宣翻译作为我国目前对外宣传的主要载体与实现形式，与对外宣传具有相同的目的与追求，因此外宣翻译及其政治性的研究可为外宣部门的对外宣传工作提供直接的参考借鉴甚至是指导作用。我们开展外宣翻译的目的是为了通过信息内容的翻译转换和输出传播来宣传我国大政方针、外交策略与社会主义建设的成果，进而体现社会主义制度的优越性。然后，一味地强加政治理念或者直接输出意识形态思想都会招致国外受众的排斥与反感。如何在外宣翻译中落实政治等效原则，做到"含而不露"或"迂回婉转"地传译出我国的政治概念、主张与意图，如何在强化政治意识的同时淡化政治色彩，提升宣传效果，这就有赖于国家的顶层设计、翻译理论的不断发展与外宣译者主体性的合理发挥。也就是说，外宣翻译的预期效果需要通过对外宣传国家话语传播策略、外宣翻译政治等效策略、外宣翻译技巧策略等的综合运用来实现。

国家主导的外宣翻译往往涉及国家与民族的核心利益，对其开展研究的最终目的是服务国家需求，服务我国重大战略方针的实施，为实现"中华民族的伟大复兴"这一中国梦营造正面积极的舆论氛围与和平稳定的国际环境。因此，外宣翻译及其政治性应对策略的研究成果可为外宣、外事与外交部门所采纳来更好地提高政治敏感性，尽可能地避免政治失误。而外宣媒体需要经常性地对外翻译与报道国家政治、经济与社会生活的方方面面，有意无意间在帮助宣传我国的国家形象，外宣翻译及其政治性的研究成果将有助于他们提高政治意识，在向世界说明中国的同时，也让中国在潜移默化中影响世界，从而提高我国的话语权与文化软实力。

毋庸置疑，外宣翻译的政治性与政治生态运作尚有值得进一步思考与挖掘的空间，本研究仅仅是充当了一个抛砖引玉的作用，借此静候方家之言。

后　记

自从误打误撞踏入外宣翻译研究领域来以来，我就一直在关注国家对外宣传工作的开展与国家对外传播话语体系的建设。国内外宣（翻译）专家的研究，尤其是沈苏儒、程镇球、施燕华、唐闻生、过家鼎、段连城、赵启正、陈明明、王弄笙、徐亚男、黄友义、贾毓玲、张健、陈小慰、吕和发、杨明星、王银泉、贾文波、袁晓宁等外宣外事领导与翻译专家的观点对本人影响颇大。通过研读与学习，本人意识到外宣翻译不再是纯粹的“译匠”活，而是关于国家主权与民族利益的翻译事业，也更加明确了从事外宣翻译及其政治性研究的责任感与使命感。

拙著构想与框架源于本人主持的教育部人文社科青年基金项目“外宣翻译的政治性剖析及其翻译策略研究”，部分内容作为项目中期成果已公开发表，但作为一个研究整体，经修改后放入了本书相应章节之中。在此，对前期发表本人相关研究成果的学术期刊与传播媒介，如《中国翻译》《太平洋学报》《新闻爱好者》与中国知网等表示衷心的感谢！

拙著得以最后面世，除了自己对外宣翻译研究保持的高度热情以外，与教育部人文社科青年基金、江南大学中央高校基本科研业务费的资助和江南大学外国语学院各位领导与同事的鼓励密不可分，在此一并致谢。拙著的顺利出版还离不开苏州大学出版社汤定军编辑不厌其烦的善意提醒与一丝不苟的认真堪校。汤编辑是本人研究生学习期间的同学兼室友，没有他的一再鼓励与无私帮助拙著也不太可能在这么短的时间内完稿。对此，本人深表谢意！

“雄关漫道真如铁，而今迈步从头越。”虽历经波折，但经过一年多坚持，拙著即将付梓，颇为欣慰。今后，本人将以此为基础，不忘初心，砥砺前行，积极投身外宣翻译研究，为中国文化“走出去”与文化软实力的提升贡献自己的绵薄之力。

参考文献

Alvarez, Roman. & Vidal, M. Carmen-Africa. *Translation, Power, Subversion* [M]. Beijing: Foreign Language Teaching and Research Press, 2007.

Appiah, Kwame. Thick Translation [A]. Lawrence Venuti (ed.). *The Translation Studies Reader*[C]. London: Routledge: 2000: 427.

Bassnett, Susan & Lefevere, André. *Constructing Cultures—Essays on Literary Translation* [M]. Shanghai: Shanghai Foreign Language Education Press, 2001: 57 – 75.

Bielsa, Esperança. & Bassnett, Susan. *Translation in Global News* [M]. London & New York: Routledge, 2009.

Cronin, Michael. *Translation and Globalization* [M]. London: Routledge, 2003.

Davis, Linell. *Doing Culture: Cross-Cultural Communication in Action* [M]. Beijing: Foreign Language Teaching and Research Press, 2001.

Ellis, Roger and Oakley-Brown, Liz. *Translation and Nation: Towards a Cultural Politics of Englishness* [M]. Beijing: Foreign Language Teaching and Research Press, 2006.

Foucault, Michael. The Order of Discourse [A] Shapiro, *M. Language and Politics*[C]. Oxford: Blackwell, 1984: 120.

Halliday, M. A. K. *Introduction to Functional Grammar* [M]. London: Edward Arnold, 2004.

Hawkes, David & Minford, John. *The Story of the Stone* (Vol. 1 – 3) [M].

Bloomington: Indiana University Press, 1979.

Holland, Robert. Language(s) in the Global News—Translation, Audience Design and Discourse (Mis) representation [J]. *Target*, 2006, 18 (2): 229 - 259.

Hugo, Victor. *Preface to Oeuvre Complètes de William Shakespeare* [M]. Paris: Garnier, 1865: 18.

Jakobson, Roman. On Linguistic Aspects of Translation [A]. Brower, R. A. *On Translation* [C]. Boston: Harvard University Press, 1959: 232 - 239.

Jiménez, Leonarda. & Guillem, Susana. Does Communication Studies Have an Identity? Setting the Bases for Contemporary Research [J]. *Catalan Journal of Communication & Cultural Studies*, 2009, 1 (1): 15 - 27.

Joos, Martin. *The Five Clocks* [M]. New York: Harcourt, Brace & World, 1961.

Joseph, John. *Language and Politics* [M]. Shanghai: Shanghai Foreign Language and Education Press, 2016.

Katan, David. *Translating Cultures: An Introduction for Translators, Interpreters and Mediators* [M]. Manchester: St. Jerome Publishing, 1999.

Kay, Paul. & Kempton, Willett. What is the Sapir-Whorf Hypothesis [J]. *American Anthropologist*, 1984, 86 (1): 65 - 79.

Lasswell, Harold. *The Science of Mass Communication: Introduction, Propaganda, Communication and Public Opinion* [D]. Princeton University Press, 1946.

Lefevere, André. *Translation, Rewriting and the Manipulation of Literary Fame* [M]. Shanghai: Shanghai Foreign Language Education Press, 2004.

Liu, Lihua. The Function of Translation in China in the Globalization Era

Revisited [J]. *Studies in Literature and Language*, 2012, 4 (2): 65 - 69.

Lyons, John. *Language and Linguistics: An Introduction* [M]. Cambridge: C Cambridge University Press, 1981.

Mandelbaum, David. *Culture, Language and Personality: Selected Essays* (Sapir, Edward, 1884 - 1939) [C]. Berkeley: University of California Press, 1956.

Needham, Anuradha: Introduction: Translating "Third Word" Cultures [A]. A. Needham & C. Maier. *Between Languages and Cultures: Translation and Cross-Cultural Texts* [C]. Pittsburg: University of Pittsburg Press, 1996: 3 - 15.

Newmark, Peter. *A Textbook of Translation* [M]. London: Prentice-Hall, 1988; Shanghai: Shanghai Foreign Language Education Press, 2001.

Nida, Eugene. *Language and Culture: Context in Translating* [M]. Shanghai: Shanghai Foreign Language Education Press, 1993/2001.

Niranjana, Tejaswini. *Sitting Translation: History, Post-structuralism and the Colonial Context* [M]. Berkeley & Los Angeles: University of California Press, 1992.

Pinkham, Joan. *The Translator's Guide to Chinglish* [M]. Beijing: Foreign Language Teaching and Research Press, 2000.

Robinson, Douglas. *Translation and Empire: Postcolonial Theories Explained* [M]. Shanghai: Shanghai Foreign Language Education Press, 2007.

Sorby, Stella. Translating News from English to Chinese Complimentary and Derogatory Language Usage [J]. *Babel*, 2008, 54 (1): 19 - 35.

Spivak, Gayatri. *Outside in the Teaching Machine* [M]. London and New York: Routledge, 1993: 313 - 315.

Venuti, Lawrence. *The Translator's Invisibility: A History of Translation* [M]. Shanghai: Shanghai Foreign Language Education Press, 2004.

Yang, Mingxing. The Principles and Tactics on Diplomatic Translation—A Chinese Perspective [J]. *Babel*, 2012, 58 (1): 1 – 18.

Yang, Heisen-Yi & Yang, Gladys. *A Dream of Red Mansions* [M]. Beijing: Foreign Language Press, 1978.

Zakaria, Fareed. Does the Future Belong to China? [N]. *Newsweek International*, 2005 – 05 – 09.

卜平. 北京英文路标令人捧腹大笑[N]. 香港《文汇报》, 2001 – 08 – 13 (内地版).

蔡武. 在"中译外——中国走向世界之路"高层论坛开幕式上的讲话[A]. 中国翻译协会. 中国翻译年鉴 2007—2008[Z]. 北京: 外文出版社, 2009: 108.

曹倩. 从山寨现象看网络媒体的释义功能[J]. 青年记者, 2009 (5): 82—83.

曹廷军, 迈克尔·辛, 韩京和. 语言即人 人即语言——反思英语全球化与弱势民族语言文化的丧失[J]. 外语学刊, 2007 (5): 8—12.

曹志建. 功能主义视角下的法律外宣文本翻译[J]. 广州: 暨南大学出版社, 2016.

陈宝良. 飘摇的传统: 明代城市生活长卷[M]. 长沙: 湖南人民出版社, 2006.

陈东成. 大易翻译学[M]. 北京: 中国社会科学出版社, 2017.

陈海燕. 浅析中华思想文化术语翻译中的难点[J]. 中国翻译, 2015 (5): 13—17.

陈历明. 翻译: 作为复调的对话[M]. 成都: 四川大学出版社, 2006.

陈小慰. 外宣翻译中"认同"的建立[J]. 中国翻译, 2007 (1): 60—65.

程镇球. 政治文章的翻译要讲政治[J]. 中国翻译, 2003 (3): 18—22.

程镇球. 政治文献的翻译[J]. 中国翻译, 2004 (1): 50.

丁衡祁. 行动起来,向不规范英语宣战[OL]. 发布日期: 2004 - 9 - 27. 中国网: http://www.china.com.cn/chinese/zhuanti/fycj/669048.htm. 检索日期: 2012 - 3 - 3.

丁立福. 南海, 南海! 译名之痛! [J]. 海南大学学报 (人文社会科学版), 2013 (6): 1—6.

杜瑞清、姜亚军. 近二十年"中国英语"研究述评[J]. 外语教学与研究, 2001 (1): 37—41.

杜争鸣. 中国英语问题及其他[J]. 外语教学, 1998 (3): 6—14.

段连城. 呼吁: 译界同仁都来关心对外宣传[A]. 杨自俭、刘学云. 翻译新论[C]. 武汉: 湖北教育出版社, 1994: 195—214.

段连城. 对外传播学初探(增订版) [M]. 北京: 五洲传播出版社, 2004.

方梦之. 发展与完善我国的译学研究体系——谈建立中国翻译学[J]. 外语教学, 1988 (1): 79—82.

方梦之. 论翻译生态环境[J]. 上海翻译, 2011 (1): 1—5.

费小平. 翻译的文化之维: "翻译的政治"问题研究[J]. 云南民族大学学报(哲学社会科学版), 2004 (2): 133—136.

费小平. 翻译的政治: 翻译研究与文化研究[M]. 北京: 中国社会科学出版社, 2005.

冯军. 论外宣翻译中语义与风格的趋同及筛选机制[D]. 上海: 上海外国语大学, 2010.

冯庆华. 实用翻译教程(增订本) [M]. 上海: 上海外语教育出版社, 2008.

龚晓斌. "零翻译"的文化反思[J]. 苏州大学学报(哲学社会科学版), 2008 (5): 81—84.

关世杰. 跨文化传播学视角中"龙"与"dragon"的互译更改问题[A]. 胡庚申. 翻译与跨文化交流: 整合与创新[C]. 上海:

上海外语教育出版社，2009：398.
过家鼎. 翻译中某些常见错误剖析［J］. 外国语，1985（2）：19—20.
过家鼎. 注意外交用词的政治含义［J］. 中国翻译，2002（6）：59—60.
过家鼎.《中英关于香港问题的联合声明》翻译中的政治考虑［J］. 上海翻译，2005（2）：20—22.
衡孝军等. 对外宣传翻译理论与实践［M］. 北京：世界知识出版社，2011.
何国平. 中国对外报道思想研究［M］. 北京：中国传媒大学出版社，2009.
侯晶晶. 论翻译中的操控现象［J］. 外语与外语教学，2001（7）：46—48.
胡翠娥. 翻译的"政治"：现代文坛的翻译论争与文学、文化论争［M］. 北京：人民文学出版社，2016.
胡芳毅，贾文波. 外宣翻译：意识形态操纵下的改写［J］. 上海翻译，2010（1）：23—28.
胡芳毅. 操纵理论视角下的外宣翻译——政治文本翻译的改写［J］. 中国科技翻译，2014（2）：40—42.
胡庚申. 翻译适应选择论［M］. 武汉：湖北教育出版社，2004.
胡洁. 建构视角下的外宣翻译研究［D］. 上海：上海外国语大学，2010.
胡兴文，张健. 外宣翻译的名与实——张健教授访谈录［J］. 中国外语，2013（3）：100—104.
黄佶. 关于"龙"的英译名修改问题［J］. 社会科学，2006（11）：161—169.
黄友义. 坚持"外宣三贴近"原则，处理好外宣翻译中的难点问题［J］. 中国翻译，2004（6）：27—28.
黄友义. 从翻译工作者的权利到外宣翻译——在首届全国公示语

翻译研讨会上的讲话[J]. 中国翻译，2005（6）：31—33.

黄友义. 发展翻译事业 促进世界多元文化的交流与繁荣[J]. 中国翻译，2008（4）：6—9.

黄友义. 序言[A]. 黎信. 英语对外新闻报道指南[M]. 北京：外文出版社，2009：1.

黄友义. 中国站到了国际舞台中央，我们如何翻译[J]. 中国翻译，2015（5）：5—7.

黄友义. 中国崛起给翻译带来的变化［OL］. 发布日期：2017－3－29. 中国翻译研究院：http://www. catl. org. cn/2017－03/29/content_40522839. htm. 检索日期：2017－8－9.

黄友义，黄长奇，丁洁. 重视党政文献对外翻译，加强对外话语体系建设[J]. 中国翻译，2014（3）：5—7.

黄忠廉. 翻译变体研究[M] 北京：中国对外翻译出版公司，2000.

黄忠廉. 释“变译”[J] 外语研究，2002a（3）：66—68.

黄忠廉. 变译的七种变通手段[J] 外语学刊，2002b（3）：93—96.

黄忠廉，李亚舒. 科学翻译学[M]. 北京：中国对外翻译出版公司，2004.

贾毓玲. 对中央文献翻译的几点思考[J]. 中国翻译，2011（1）：78—81.

贾毓玲. 对融通中外话语体系建设的几点思考——《求是》英译体会[J]. 中国翻译，2015（5）：93—95.

贾毓玲. 论对外政治话语体系的创建与翻译——再谈《求是》英译[J]. 中国翻译，2017（3）：96—101.

姜亚军、杜瑞清. 关于“中国英语”的问题——对“‘中国英语’质疑”一文的回应[J]. 外语教学，2003（1）：27—35.

金初高. 当代世界传播研究[M]. 北京：国际广播出版社，1996.

黎熙元. 全球性、民族性与本土性——香港学术界的后殖民批评与香港人文化认同的再建构[J]. 社会学研究，2005，（4）：

189—206.

黎信. 英语对外新闻报道指南[M]. 北京：外文出版社，2009.

李晶. 翻译与意识形态——《水浒传》英译本不同书名成因探析[J]. 外语与外语教学，2006（1）：46—49.

李美涵，段成. “政治等效”框架下的中国政治语言翻译策略研究——以习近平海洋外交系列演讲为例[J]. 太平洋学报，2015（3）：97—104.

李文中. 中国英语与中国式英语[J]. 外语教学与研究，1993（4）：18—24.

李欣. 外宣翻译中的“译前处理”——天津电视台国际部《中国·天津》的个案分析[J]. 中国科技翻译，2001（1）：18—22.

李雅芳. 如何实现国际传播中的“无障碍”阅读——以北京周报社的传播实践为例[J]. 中国翻译，2015（5）：11—12.

林晓琴. 意识形态操纵下的翻译顺应与改写——中美领导人演讲译文对比研究[J]. 福建论坛·人文社会科学版，2012（9）：136—141.

刘国兵. 翻译生态学视角下的译者主体性研究[J]. 外语教学，2011（3）：97—100.

刘立. 跨文化视角的新闻翻译的标准和策略——以《今日中国》（2011）的英译为例[J]. 新闻界，2012（13）：19—21.

刘明东. 翻译选择的政治思辨[J]. 外语学刊，2010（1）：126—128.

刘雅峰. 译者的适应与选择：外宣翻译过程研究[D/M]. 上海：上海外国语大学，2009；北京：人民出版社，2010.

刘艳丽，杨自俭. 也谈“归化”与“异化”[J]. 中国翻译，2002（6）：20—24.

刘跃进. 文化就是社会化[J]. 北方论坛，1999（3）：57—65.

卢彩虹. 传播视角下的外宣翻译研究[M]. 杭州：浙江工商大学出版社，2016.

卢小军. 国家形象与外宣翻译策略研究[M]. 北京：外语教学与研究出版社，2016.

吕和发，董庆文，任林静. 跨文化公关视域下的外宣与外宣翻译研究[M]. 北京：国防工业出版社，2016.

吕俊. 翻译研究：从文本理论到权力话语[J]. 四川外语学院学报，2002（1）：106—109.

孟祥春. 汉英短语翻译中的"趋避"意识与翻译策略探讨[J]. 中国翻译，2009（2）：74—78.

秦秀白. 英语与体育文体要略[M]. 上海：上海外语教育出版社，2002.

任东升，高玉霞. 翻译制度化与制度化翻译[J]. 中国翻译，2015（1）：18—23.

申连云. 翻译伦理模式研究中的操控论与投降论[J]. 外国语，2016（2）：78—88.

沈苏儒. 论"信、达、雅"——严复翻译理论研究[M]. 北京：商务印书馆，1998.

沈苏儒. 对外传播理论与实践[M]. 北京：五洲出版社，2004.

沈苏儒. 对外传播·翻译研究论文集[M]. 北京：外文出版社，2009.

施燕华. 浅谈中美建交公报的翻译[J]. 中国翻译，2004（1）：60—61.

施燕华. 怎样做好外交口译工作[J]. 中国翻译，2007（3）：57—60.

孙广治. 透视福柯权力话语观照下的"首尔"和"粉丝"译语现象[J]. 外语学刊，2011（4）：110—112.

孙艺风. 论翻译的暴力[J]. 中国翻译，2014（6）：5—13.

孙玉华，彭文钊，刘宏. 语言的政治 vs. 政治的语言——政治语言学的理论与方法[J]. 2015（1）：1—7.

孙致礼. 文化与翻译[A]. 张柏然、许均. 面向21世纪的译学研究

[C]. 北京：商务印书馆，2002：520.

孙志祥. 文本意识形态批评分析及其翻译研究[M]. 北京：中国社会科学出版社，2009.

谭业升. 对外宣传翻译对话中的权势关系——也谈"福娃"的翻译[J]. 绍兴文理学院学报(哲学社会科学版)，2009 (3)：102—105.

唐润华. 德才兼备——新时期外宣工作者的必备素质[J]. 对外大传播，2005 (6)：52—54.

汪榕培. 中国英语是客观存在[J]. 解放军外国语学院学报，1991 (1)：1—8.

汪榕培. 比较与翻译[M]. 上海：上海外语教育出版社，1997.

汪熙. 南海！南海！[J]. 学术界，2012 (4)：103—107.

王东风. 论翻译过程中的文化介入[J]. 中国翻译，1998 (5)：6—9.

王东风. 一只看不见的手——论意识形态对翻译实践的操纵[J]. 中国翻译，2003 (5)：16—23.

王拱璧.《东游挥汗录》毛边纸石印本复印件[M]. 1919：1—108.

王宏. 怎么译：是操纵，还是投降？[J]. 外国语，2011，(2)：84—89.

王平兴. 汉英翻译中的政治考量[J]. 中国翻译，2014 (5)：97—101.

王宪明. 语言翻译与政治：严复译社会通诠研究[M]. 北京：北京大学出版社，2005.

王勇. 中国在南沙群岛扩礁加固的国际法效力问题[J]. 太平洋学报，2015 (9)：12—22.

吴迪龙，胡健. 施燕华外交翻译思想管窥[J]. 中国翻译，2017 (4)：71—76.

吴自选. 德国功能派翻译理论与 CNN 新闻短片英译[J]. 中国科技翻译，2005 (1)：4—7.

夏贵清. 译者主体性的内涵及其表现[J]. 贵州工业大学学报(社

会科学版), 2004 (4): 89—92.

夏廷德. 翻译补偿研究[M]. 武汉: 湖北教育出版社, 2005.

邢飞. 中国跃居世界第二大经济体 中国“穷国”现实尚未改变[N]. 北京晨报, 2011-02-15 (B01-B02).

熊启煦. 浅析中华传统文化典籍中概念术语翻译问题——以“龙”和《论语》的翻译为例[J]. 烟台大学学报(哲学社会科学版), 2011 (2): 117—120.

徐建国. 外宣翻译的名与实——20世纪90年代以后研究述评[J]. 中国海洋大学学报(社会科学版), 2009 (2): 93—96.

徐英. 从语态选择的编译改动看意识形态的翻译转换[J]. 上海翻译, 2015 (3): 37—41.

徐亚男. 外交翻译的特点以及对外交翻译的要求[J]. 中国翻译, 2000 (3): 35—38.

徐志民. 评析日本学界对抗战的五种称谓[J]. 博览群书, 2013 (3): 21—25.

许宝强, 袁伟. 语言与翻译的政治[M]. 北京: 中央编译出版社, 2001.

许宏. 外宣翻译与国际形象构建[M]. 北京: 时事出版社, 2017.

许建忠. 翻译生态学[M]. 北京: 中国三峡出版社, 2009: 3.

许婧. 菲律宾《马尼拉标准今日报》: 黄岩岛确实属于中国[OL]. 发布日期: 2012-5-9. 中国日报网: http://www.chinadaily.com.cn/hqzx/2012-05/09/content_15245953.htm. 检索日期: 2017-9-20.

许渊冲. 翻译的艺术[M]. 北京: 五洲传播出版社, 2006.

杨明星. 论外交语言翻译的“政治等效”——以邓小平外交理念“韬光养晦”的译法为例[J]. 解放军外国语学院学报, 2008 (5): 90—94.

杨明星, 闫达. “政治等效”理论框架下外交语言的翻译策略——以“不折腾”的译法为例[J]. 解放军外国语学院学报, 2012

(3): 73—77.

杨明星. 中国外交新词对外翻译的原则与策略[J]. 中国翻译, 2014 (3): 104—107.

杨明星. "新型大国关系"的创新译法及其现实意义[J]. 中国翻译, 2015 (1): 101—104.

杨明星, 李志丹. "政治等效"视野下"窜访"译法探究[J]. 中国翻译, 2015 (5): 88—92.

杨鹏, 孟玲洲. 诬蔑与辩正: "支那"称谓之源流考论[J]. 太原理工大学学报(社会科学版), 2010 (2): 43—47.

杨雪莲. 传播学视角下的外宣翻译——以《今日中国》的英译为个案[D]. 上海: 上海外国语大学, 2010.

袁晓宁. 外宣英译的策略及理据[J]. 中国翻译, 2005 (1): 75—78.

袁卓喜. 修辞劝说视角下的外宣翻译研究[M]. 北京: 中国传媒大学出版社, 2017.

曾记. 从同一到差异: 翻译研究的差异主题和政治、伦理维度[M]. 中山: 中山大学出版社, 2016.

查明建、田雨. 论译者主体性——从译者文化地位的边缘化谈起[J]. 中国翻译, 2003 (1): 19—24.

张传彪. 外宣文本与翻译变通[J]. 江南大学学报(人文社会科学版), 2010 (5): 102—106.

张基珮. 外宣英译的原文要适当删减[J]. 中国科技翻译, 2001 (3): 21—24.

张景华. 论"翻译暴力"的学理依据及其研究价值[J]. 中国翻译, 2015 (6): 65—72.

张健. 新闻英语文体与范文评析(第二版) [M]. 上海: 上海外语教育出版社, 2004.

张健. 英语新闻业务研究[M]. 上海: 上海外语教育出版社, 2010.

张健. 一部探讨跨地域、跨语言、跨文化信息翻译的力作——《国际新闻翻译》导读[A] 贝尔萨、巴斯内特. 国际新闻翻译[M]. 上海：上海外语教育出版社，2011：iii—xii.

张健. 传媒新词英译研究[M]. 上海：上海外语教育出版社，2012.

张健. 外宣翻译导论[M]. 北京：国防工业出版社，2013.

张顺生. 政治词语翻译应当讲政治——对《反分裂国家法》英译的反思[J]. 上海翻译，2006（1）：41.

张羽佳. 翻译的政治性——马克思文本研究中的一个议题[J]. 现代哲学，2007（2）：33—38.

赵启正. 谈外宣的几个问题[J]. 对外大传播，1998（7）：4—7.

周宣丰. 文化"他者"翻译的权力政治研究[J]. 外语教学，2014（6）：100—103.

朱纯深. "不折腾"的不翻译：零翻译、陌生化与话语解释权[J]. 中国翻译，2011（1）：68—72.

朱耀先. 论翻译与政治[J]. 中国科技翻译，2007（1）：31—34.

朱义华. 外宣翻译与报道中的政治意识[J]. 新闻爱好者，2010（18）：37—38.

朱义华. 模因论观照下的语言哲学意义观[J]. 外语学刊，2011（4）：101—104.

朱义华. 从"争议岛屿"来看外宣翻译工作中的政治意识[J]. 中国翻译，2012（6）：96—98.

朱义华. 外宣翻译研究体系建构探索[D]. 上海外国语大学，2013.

朱义华. 外宣翻译的政治暴力性探究——从黄岩岛的译名篡改谈起[J]. 太平洋学报，2016（9）：17—23.

朱义华、王宏. 典籍英译传统文化词的传译难点与策略[A]. 汪榕培、李正栓. 典籍英译研究（第一辑）[C]. 保定：河北大学出版社，2005：123—129.